삶에 물들이다

남민욱 지음

圖書出版 修書院

이 도서의 국립중앙도서관 출판시 도서목록(CIP)은 서지정보유통지원시스템 홈페이지(http://seoji.nl.go.kr)와 국가자료공동목록시스템(http://www.nl.go.kr/kolisnet)에서 이용하실 수 있습니다(CIP제어번호 : CIP2018030572).

책머리에

누구는 금 수저를 물고 태어났다고 빼긴다. 쩨쩨하게 금 따위를 입에 물고 태어나다니.

나는 금강석처럼 빛나는 자연환경을 가슴에 안고 태어났다. 태백산맥을 베고 누워 동해바다에 물장구를 치며 그렇게 자랐다. 풀, 꽃, 나비, 바람, 구름, 은하수……, 무한우주와 땅속에서 꼼지락거리는 미물까지 자세히 들여다보고, 오래 바라보는 아이였다.

꼬마야! 그려보렴. 써보렴. 바람의 부추김에 나뭇가지로 맨땅에 본 것을 그리고, 몽당연필로 자연과 교감한 것을 쓰던 아이가 어른이 되었을 때 아름답던 산야와 밤하늘 가득 박혀있던 다이아몬드와 청량한 바람, 수정 같은 물…… 어쩌다 그 소중한 것들을 모두 잃어버린다.

언제부터인가 아련한 정경들을 쓰고 싶은 충동에 사로잡힌다. 습작기와 등단 초기에는 주로 서정적인 글을 썼다. 내

안에 체화된 것이었고 가장 잘 그릴 수 있는 소재들이었기 때문이다. 그런데 막상 책을 내려고 글을 정리하다 보니 먼지와 폭염, 폭우에 시달리는 현대인에게 서정성은 진부하고 허풍 떠는 소재 같아서 제외, 오래전에 쓴 글은 빠르게 변화하는 시대에 맞지 않는 소재여서 제외, 그래서 고민하다 20년 전 등단작품, 간호문학상 수상작 등 몇 편은 발표연도를 표기하고 실었다.

23일간의 독일 여행기는 자랑으로 보일까 염려되어 3년을 망설이다가 이번 여름 폭염 속에서 비지땀을 흘리며 썼다. 파독간호사로 갔다가 그곳에 정착해 살아가는 동문들을 통해 1966년부터 10년간 10,500여 명의 간호 인력이 매년 1천만 마르크 이상을 송금해 한국경제개발과 국가발전에 공헌한 사실과 노년을 맞은 그들의 일상, 그리고 함께 여행한 소회를 본 대로 느낀 대로 독자들에게 전하고자 한다.

23점의 펜 드로잉은 힘에 부치는 작업이었다. 창문과 뾰족지붕 수백 개를 그리는 고행을 통해 르네상스, 로코코, 바로크 등 유럽 건축 양식을 보는 눈이 밝아지긴 했다. 아마추어의 그림 감상 포인트는 '가상한 용기'이다. 잠시 쉬었다 가는 쉼표로 여기시길 바란다.

어느새 칠십 고개에 올랐다. 글을 쓰면서 괴롭기도 했지만 고마운 시간들이었다. 표제와 표지 도안도 부족한 대로 오롯이 내 힘으로 한다. 붓으로 칠십 나이테를 만들어 열심히 살아온 내 삶에 예쁜 물을 들여 주었다. 올해처럼 땀 흘리며 살았던 해가 없을 만큼 열정을 쏟았으니 미숙하더라도 그 또한 나의 모습이다. 노산에 초산이라 긴장되지만 이 책을 세상 밖으로 내 보낸다. 부디 둘째도 낳을 용기를 내도록 산후통이 심하지 않으면 좋겠다.

고희 기념 수필집을 내준 〈내 인생의 김 씨〉 중 가장 가까운 삼 김 씨(남편·아들·딸) 사랑합니다. 함께 심어 처음 수확한 아로니아를 길에 펴놓고 쫄로리 앉아 판 거금(?)을 뜻 있는 데 쓰라 한 왕년의 사모님들(허혜자, 김태남) 고맙습니다.

2018년 가을 운정(雲井) 서재에서 **남 민 옥**

차 례

우묵배미의 사랑

삶에 물들이다

고마워요 당신

라인강은 흐른다

초원의 빛

갖추고 사는 건 이름뿐

낮달

내 어렸을 때 이름은 월자月子였다. 달의 아이로되 주목받지 못하는 낮달이다.

아들만 자식인 줄 알던 시대에 딸 부잣집에서 태어나 체념하는 법을 일찍 터득했다. 첫딸로 사랑받고 자란 큰언니와 여장부 같은 작은 언니 기에 눌려 사는 내게 동생 복이 줄줄이 터졌다. 열 살이 되었을 땐 합가해 살던 사촌동생까지 다섯 명이나 되었다.

딸이 셋만 되었어도 라는 엄마 말을 들으면 눈치 없이 태어나는 동생들이 원망스러웠다. 그래도 어린 동생들이 울면 물에 밥을 말아 먹이거나 언니와 하나씩 둘러업고 밭에서 일하는 엄마와 숙모에게 젖을 먹이러 다녔다.

늘 임무와 책임이 주어져도 사랑과 관심이 필요했던 아이. 어쩌다 코피가 나면 멈추지 마! 멈추면 안 돼! 이마를 짚어주는 따뜻한 손길이 그리워 죽지 않을 만큼 아파보고 싶었다. 배가 아픈 척 밥을 굶으면서 사랑을 탐했던 그런 때가 있었다. 문득 바라본 하늘에 유년기의 허기 같은 낮달이 떠 있다.

항아

고등학교에 가기 위해 면사무소에 서류를 떼러갔더니 내 이름이 난데 없이 월선月仙이 되어 있었다. 월자도 썩 마음에 든 건 아니지만 돌림자였고, 정이 들었는데 갑자기 이름이 바뀌니 혼란스러웠다. 불러도 내가 아닌 것 같아 선뜻 대답하지 못하고 가명으로 살아가는 듯했다.

그러던 중 새 이름에 정이 들기도 전 시름시름 아프다가 큰 수술까지 받게 되었다. 이름에 동티가 난 것으로 의심되어 되찾으려고 했지만 개명이 어렵던 시대라 어영부영 애정 없는 이름에 정 붙이며 살아가기로 한다. 면 서기의 실수로 항아가 된 것도 팔자려니 여기고 선녀처럼 살자 마음먹으니 그 이름도 그런대로 괜찮아져 갔다.

꽃다운 시절, 환하게 웃는 항아가 보름달 속에 있었다.

민욱

그런데 요 마음이 간사스러워 잘되면 내 탓, 안되면 자꾸 이름 탓을 하게 되었다. 누구 엄마로 불리던 때여서 써먹을 일도 별로 없건만 좋다 나쁘다하는 소리도 듣기 싫어 작명가에게 의뢰하니 민욱敏旭으로 지어주었다. 옥돌 민, 빛날 욱이다.

이름도 불러야 효력이 발생한단다. 길 가다가 좀 별난 돌이 있거든 난 줄 알라고, 발로 차버리지 말고 나의 이름을 불러달라고 광고했다. 작명가의 말로는 널리 알려질 이름이니 사업을 하게 되더라도 간판에 그대로 써도 좋을 거라 한다. 그럴 용기도 없는 인간이 이름만 많아졌다. 그것도 모자랐는지 서예를 하며 하정河晶이라는 호까지 얻었다. 옥돌과 수정. 낮달과 보름달의 이미지가 이름에 세트로 들어온 것이다. 달빛 드리운 고향의 십리 장광이 그려지는 이름이다.

쓸모 없이 방치되었던 이름은 등단하며 필명이 된다. 알려질 이름이라는 작명가의 말에 솔깃했다기보다 어쩐지 복사꽃 분위기인 월선보다 문인에 어울리는 이름인 것 같아서였다. 발표한 글을 읽은 작가 한 분이 술자리 한 번 마련하겠다고 서신을 보내온 적이 있으니 알려지긴 했다. 시치미 딱 떼고 '그렇게 하십시다.'하는 답장을 나도 보낸다.

남성으로 알거나 여성으로 알아도 '민옥'으로 아는 분도 있다. 가장 무난하고 애착이 가기는 '하정'이었으나 서예를 접으며 불러주는 사람이 없게 되었다.

고향 친구들이 월자라 부르면 어릴 때로 돌아간 내가 대답한다. 월선이라 부르면 현실의 내가 대답하고, 민욱으로 부르면 글 쓰는 내가 대답한다. 그러고 보니 아명, 실명, 필명까지 제대로 갖추고 사는 게 이름뿐인가 싶다.

내 인생의 김씨

우리나라에 가장 많은 성씨는 김金이다.

본관만 355개로 전체인구의 약 23%를 차지하고 있다. 남산에 올라가 돌을 던지면 김 씨나 이 씨 집에 맞는다거나 「여기도 김 씨, 저기도 김 씨」라는 노래도 있다. 어렸을 때는 내 주변에 별로 없던 그 많다는 김 씨들을 만난 것은 대처에 나와 살고부터였다.

고등학교에 입학하러 가던 기차 안에서 만나, 학창시절과 청춘기를 함께 보낸 숙희, 그를 빼고 내 젊은 날의 밑그림을 완성할 수 없다. 그 만큼 속내를 털어놓고 지냈던 친구다. 그러다가 어느 날 바람처럼 미국으로 훌쩍 떠난 후 소식이 없다. 아쉽고 그리운 친구가 되어버렸다.

학교 기숙사 룸메이트이자 직장 숙소의 룸메이트이기도 했던 윤희는 내 일생의 소울메이트다. 가진 것을 표 나지 않게 나누는 따뜻하고 곧은 성품으로 누구에게나 호감을 주는 친구다. 꽃 피고 단풍 드는 때맞추어 숙소를 주선해주는 덕분에 우리 여행복이 터졌다. 이번 가을에도 친구들과 동해안으로 간다.

무한 우주 공간에서 억겁의 시간을 떠돌던 티끌이 지구별에 닿은 눈 깜짝할 사이에 기적처럼 만난 운명의 김씨! 뜨겁게 사랑하고, 치열하게 살아온 인생의 동반자다. 이 사람과 결혼하며 벌통을 건드린 듯, 잭팟을 터뜨린 듯 김 씨들이 소나기처럼 나에게로 쏟아졌다. 사촌만 모여도 축구팀 정도는 거뜬하고, 어느 소소한 경기장이라면 스탠드를 꽉 채울 만한 응원단도 만들 수 있는 집안이다. 증조부모님 기일이 잔칫집처럼 번잡했던 김영김씨 집안의 며느리가 되어 김 씨 복이 터졌다. 우리는 명주·봉주를 낳았고, 외손자 태윤과 태원으로 김 씨 산성은 나날이 확장되고 있다.

S병원 동료였던 태남 씨. 병원 근처인 명동에서 주로 여가시간 보냈던 우리가 7년 후 변방 삼척에서 다시 만나게 될 줄 어찌 알았을까. 남편들이 T그룹 입사동기였다. 그 인연으로 평생을 동기간처럼 지내고 있다. 주말마다 멀고 가까운 명산을 찾아다녔으니 지도에 나온 산과 계곡에 우리 발

닿지 않은 곳이 있을까. 그동안 오른 산을 모아보면 에베레스트 높이 이상일 거라는 말, 허언이 아니다. 은퇴 후에도 친목을 이어가는 우리를 주변에서 드림팀이라고 부러워한다.

폭설이 내린 태백산 천제단에서의 해맞이. 오대산의 자욱한 안개 속에서 본 몽환적인 철쭉꽃. 오던 태풍이 드림팀의 위세에 눌려 진로를 변경해 갔다고 환호했던 안면도에서의 그 여름. 설악 운악 치악 월악 악! 소리 나도록 험한 산과 지구촌 곳곳을 주유하며 꿈같은 시간을 함께 보냈다. 드림팀의 김 트리오 중 한 축이던 구자 언니. 늘 울타리처럼 든든했던 맏언니다.

'강남문학' 동인인 소설가 용림 씨가 어느 날 덕소로 이사를 왔다. 양지바른 동산에 앉아 쑥을 뜯거나 한강변을 걸으며 이야기꽃을 피웠다. 우리 친분이 두터워지자 남편들까지 호형호제하며 예봉산, 운길산을 함께 오르고 수종사, 세미원, 수목원 등 볼거리 많은 남양주 곳곳을 함께 다녔다.

문학, 역사탐방, 정약용연구회 등 남양주시와 강남구에서 시행하는 학술행사와 강의에도 같이 참여하며 삶이 더 풍요로워졌다. 특유의 재담과 활력으로 좌중을 유쾌하게 만드는 씨의 능력은 참으로 특별하다. 덕소를 떠났지만 언제 만나도 반갑고 활기 넘치는 광산 김 씨다.

파독간호사로 갔다가 독일인과 결혼해 하노버 교외에 살고 있는 순복 Fleicher. 친구와 북독일 여행을 가려고 자문을 구했을 때 일정을 짜주며 자신의 집을 숙소로 제공하고 여행가이드까지 해준 후배다. 덕분에 정원 가득 온갖 꽃이 피고, 천창으로 별이 보이는 독일전통가옥을 베이스캠프 삼아 편안하게 안락한 여행을 할 수 있었다. 보리수와 장미꽃이 피고, 체리가 익어가던 때, 내 생애 그런 멋진 시간이 있었다니! 내년에 또 오라고 채근한다. 고마운 제안이다. 할 수 있을 때, 즐길 수 있을 때 바로 실행하자는 것이 김순복, 그의 지론이다.

간호사로 갔다가 의사로 입신해 하멜에 사는 Dr.김. 개업의로 바쁜 와중에도 짬을 내어 하노버 곳곳을 안내해주고 집으로 초대해 손수 스테이크를 구워 대접해준 명순이다. 요리도 잘하고 어느 하나 빈틈이 없다. 소설을 쓰고 싶다는 후배의 소망이 이루어지기를 기대한다. 마음먹으면 무언들 못하랴. 그 열망이 지극하고 대견스러워 응원하고 있다.

애양 씨가 준 셰익스피어 전작을 아직도 읽는 중이다. 하도 무거워 저울에 달아봤더니 한 권 무게가 3.5킬로그램이다.

시력과 체력이 좋았을 때는 내리 몇 시간동안 독파하기도 했으나 이젠 책장에서 꺼내기도 버겁다. 모든 인간 유형이 베개만한 이 책 속에 다 들어있다. 「햄릿」을 읽다가 졸려서 책을 베고 잠들었다가 오필리아 꿈을 꾼 적도 있다. 오래 전에 읽은 것은 잊어버려서 다시 읽는다. 오늘 제목에 이끌려 「끝이 좋으면 다 좋다 All's Well that Ends Well」를 읽었다.

언제 다 읽게 될까. 쓴 사람도 있고, 번역한 사람도 있는데 완독도 못하다니 나는 불량 독자인가보다. 삶에 영감을 주는 목매달아도 좋은 나무, 셰익스피어를 끼고 살아온 건 역자 김재남 교수의 딸, 수필가 Dr. 김 덕분이다.

강남문협에 같은 회원으로 글쓰기에 나태해지는 나를 끊임 없이 채찍질해주는 분도 김 씨 성을 가졌다. 둔한 뇌를 일깨워주는 〈기억의 재생〉 워크숍을 이끄는 소동출판사 김남기 대표님, 그림 지도를 해주는 김은숙 화가는 내 인생에 온 최신예 김 씨다. 삶이 점점 다채로워지고 있다.

나는 왜 글을 쓰나

계절이 바뀌는 신호는 바람에서부터 온다. 낮게 드리워있던 구름이 새털처럼 가벼워 보이는 가을의 문턱이다.

친구의 편지를 마지막으로 받은 것이 지난해 가을이었다. 사십여 년을 주거니 받거니 일상을 전해왔는데 이제 쓰는 일에 흥미를 잃은 모양이다.

나이가 들면서 예전에 잘하던 일을 못하게 되고 또 못하던 일이 쉬워지기도 한다. 컴퓨터 다루는 일이 쉬워진 반면 읽고 쓰는 일이 점점 어렵다. 읽는 것을 좋아했던 내가 맞는지 의심스럽다.

더 의심스럽기는 쓰는 일에도 자신이 없고 게을러졌다.

젊은 날엔 매일 일기를 쓰고, 편지를 썼다. 청마처럼 우체국 창문가에서 연서를 쓴 적이 있고, 아이들 기를 때는 육아일기도 썼다.

시어머니는 내가 산욕기에 책을 읽는다고 나무라셨다. 눈이 나빠질까봐 염려한 것이지만 그러는 며느리가 못마땅하셨던 것이다. 성격이 운명이라는 말은 좋아서 하는 걸 말리지 못한다는 뜻이지 싶다.

미수를 넘긴 어머니는 근래 같은 말을 부쩍 자주 하신다.

"다음 생에 다시 만날 수는 있을까?"

어머니의 목소리는 가늘게 떨린다. 한숨이 나오고 내 목울대는 번번이 아프다. 인생무대에서 어머니와 나의 연극은 몇 장 몇 막쯤에 와있는 것일까.

어머니의 진면목은 안택安宅고사나 자식들의 안위를 위해 치성을 드릴 때 유감 없이 발휘된다. 원고도 없이 즉흥적으로 읊는 주기도문은 '어리석은 인간이 뭘 알겠느냐'로 시작하여 '집안일 만사형통에 자식들 앞길을 환하게 밝혀주고 보살펴 달라'는 겸손과 갈망을 절절하게 담고 있다. 내가 무탈하게 살아가는 것이 어머니의 기도 덕분이구나 하는 생각이 절로 들게 만드는 내용이다.

어머니는 생각을 문자로 표현하지 못하는 분이다. 그러나 짧은 시간에 나름대로 잘 짜여 진 언사를 거침없이 구사하는 걸보면 문재는 타고난 듯하다.

원시문학은 언어를 빚어 신에게 치성을 드리는 것에서 시작되었다고 한다. 어머니는 유구한 역사 저편에 있던 구비

문학의 전통을 당신도 모르게 이어온 것이다.

호모사피엔스는 곧 '문학하는 인간'과 동의어라 해도 과언이 아닌 듯 인간의 표현 욕구는 태생적이라는 생각이 든다.

그럼 문학은 나에게 무엇인가 되물을 차례다.

문학은 공기와도 같은 존재였다. 심호흡을 하면 폐부 깊숙이 들어와 피를 돌게 하고 활기를 넣어주었다. 활자중독에라도 걸린 듯 책을 탐하던 때가 있었다.

독서는 작가와 활자를 매개로 인간의 본질과 삶의 의미를 탐색하고 교유하는 작업이다. 문학의 감상자로 보낸 시간들은 더없이 행복했다. 밑줄 그어가며 읽던 교시적인 문장 또한 나의 정신에 자양분을 주었다. 거기에서 멈췄더라면 좋았을 것을 언제부터인가 문학의 새로운 종자가 내 안에 꿈틀대고 있었다.

새로운 세계에 도전하는 수업은 고되지만 즐거웠다. 등단으로 무미건조하던 삶에 활기를 얻어 나는 글쓰기에 매진했다. 누가 뭐래도 나는 어엿한 문학의 공급자로 나의 길을 씩씩하게 걸어갈 심산이었다. 시장성이 없는 순수문학이지만 순수해서 더 좋은 것이라고 여유를 부렸다.

그러나 어찌된 영문인지 글은 쓰면 쓸수록 어려워져갔다. 습작기에는 멋모르고 용감하게 써내려갔지만 갈수록 피로

감에 시달렸다. 쓰다가 중단하거나 퇴고단계에서 지워버리고 나면 쓰는 일에 멀미가 날 지경이었다. 급기야 나는 불화를 견디다 못해 절필하고 다시 문학의 소비자가 되었다.

"그래, 이런 작가가 글을 써야해. 문체도 근사하고 표현이 기가 막히네."

나는 작가를 존경하며 문장 하나하나를 더 즐기며 읽게 되었다. 작가니까 당연히 잘 쓰는 것이라는 고정관념을 버려가고 있었다.

작가에 대한 이해가 나를 이해하는 방편이 된 것은 생각지 않던 수확이었다.

쓴다는 것은 무엇이며 나는 누구를 위해 왜 글을 쓰는가.

언젠가 첫아이를 낳은 딸이 친정에 왔을 때 나는 간직해왔던 육아일기를 처음 보여주었다. 딸은 내가 어머니의 기도문에서 감동을 받은 것처럼 일기장을 안고 눈물을 글썽거렸다.

내 글이 누군가를 감동시킨 적이 있었을까. 문학의 진정한 힘은 진심이 통하는 글에 있다. 내가 쓰는 글이 신변잡기여서 문학성을 벗어난 글이라고 폄하당하더라도 크게 기죽지는 않을 작정이다.

인생이란 사람들이 생각하듯 그렇게 행복하지도 불행하

지도 않은 것이라는 모파상의 〈여자의 일생〉 에필로그에 '문학이란 사람들이 생각하는 것처럼 그렇게 대단하지도 간단하지도 않은 것'이라는 문장을 대입해본다.

나는 이 글을 완성하기 위해 대단하지도 않으며, 그렇다고 단순하지도 않은 문학의 사도로 고단한 하루를 보낸다. 문인은 나에게 명예로운 관冠이자 벗어던질 수 없는 멍에다.

(2008년)

장미와 무화과

장미꽃 위에 얼룩나비 한마리가 여린 더듬이로 꽃술을 더듬는다. 저 작은 곤충이 아름다움을 생존의 도구로 이용하는 동안 여름내 잎만 무성하던 무화과 가지에는 어느새 열매가 가득 달려있다.

세상에 크게 회자되었던 두 여인의 인생 여정이 지난여름 울안을 눈부시게 했던 장미꽃과 가을의 뜰에서 익어가는 무화과로 대비된다. 부와 명예와 아름다움으로 세인의 선망을 받았던 다이애나와 인도에서 사랑의 선교회를 이끌었던 테레사 수녀를 이름이다.

폭풍우 같은 죽음과 평화스럽게 임종에 든 테레사 수녀의 모습에서 아름다움의 참 의미를 찾아본다.

마차를 타고 결혼식장으로 가던 다이애나. 궁의 발코니에서 왕자님과 입맞춤하며 행복한 표정을 짓던 그녀는 유치원 보모에서 대영제국의 왕세자빈이 된다.

'빈'이라는 명예와 황실의 부를 마음껏 누리며 두 아들의 어머니가 되어서도 여전히 아름다웠던 그녀는 끝내 동화 같은 결말을 맺지 못한다. 이혼 후 세상의 관심에 쫓기며 질주하다 교통사고로 짧은 생을 마감하고 만 것이다. 매스컴은 그녀의 화려함 만큼이나 고통스럽고 어지러웠던 사생활을 낱낱이 보도하며 비련의 신데렐라를 애도했다.

젊음과 아름다움으로도 차지할 수 없었던 남편의 사랑 때문에 자학하기도 했던 그녀가 묻히던 날, 한 여성에게 쏟아지던 세상의 관심과 사랑이 의아해지기도 했다. 세자빈의 사생활에 오점이 많은 그녀를 변함없이 두둔하고 사랑하는 서양 사람들의 심리가 우리의 정서로는 쉽사리 이해되지 않았다. 한편 부귀영화만을 누렸을 것 같은 그녀에게도 고통이 있었다는 게 세속적인 나에게 위안이 되기도 했다.

동화는 동화책 속에서 존재할 뿐이라는 것. 세간의 비난에도 그녀가 대중의 사랑을 받는 것은 세자빈의 틀 속에서 보는 외적인 아름다움보다 인간의 참 모습을 숨김 없이 내보이는 솔직함에 있다는 생각이 들었다.

사적인 자유분방함속에서도 자신의 지위와 인기를 세상의 어둡고 고통스러운 곳을 살피는 데 쏟은 공적인 봉사였다. 여러 자선단체를 후원하고 앙고라나 우간다 같은 분쟁지역을 돌며 지뢰제거 캠페인을 벌이는가하면 에이즈나 나병환자들의 손을 따뜻이 잡아주는 모습에 세인들은 사랑을 느꼈을 것이다. 보석으로 치장했던 왕실에서의 화려했던 모습보다 더 아름답게 보였을지도 모른다. 그녀는 스스로 꽃이고자 했고 사랑받고 싶어하는 여자로서의 욕망을 감추려하지 않았다.

다이애나가 삶의 영욕과 명암에 인간 본연의 모습으로 반응하는 여성이었다면 무욕 87년의 삶을 쪼글쪼글한 주름 속에 사랑으로 응집 시킨 듯 데레사 수녀의 얼굴에서는 성스러운 아름다움을 본다. '성녀'라는 수사나 노벨 평화상 같은 영예는 그녀가 일생을 두고 베풀었던 사랑의 실천에 비하면 하찮은 것일지도 모른다. 평화상의 상징처럼 그녀의 주름투성이의 얼굴은 한없이 평화스러워 보이기도 한다.

캘카타 빈민가에 '사랑의 집'을 세워 버림받은 생명들을 보살피는 일에 평생을 바쳤던 그녀를 보면 이웃은커녕 자신도 올바로 사랑하지 못하고 사는 내가 부끄러워진다.

돌 틈에 날아든 작은 씨앗조차도 싹을 틔려는 본성이 있거늘 오욕칠정을 지닌 인간으로 태어나 일생 봉사 외길을 갔는지 참으로 존경스럽다. 꽃보다 아름다운 여인이었다.

그들이 베푼 사랑의 씨앗은 더 많은 뿌리를 내려 세상을 밝고 따뜻하게 할 것이다. (1999년)

초원의 빛

한 때 그토록 빛나는 광채였으나
이제는 우리 눈앞에서 영원히 사라져버렸네

얼마 전 TV명화극장에서 〈초원의 빛〉을 보며 떠오른 윌리엄 워즈워스의 〈영생의 깨달음에 부치는 노래〉 중 한 구절이다. 처음 이 영화를 본 후 윌마(나탈리 우드 分)에 빙의되어 애송했던 시로 L에게 보내는 편지에도 인용한 적이 있다.

시에 담긴 의미를 대답하지 못한 채 울먹이며 교실을 뛰쳐나가는 여주인공은 사회적 관습이 엄했던 그 시대 우리 모습과 겹쳐져 초원열풍을 일으켰다. 나는 첫사랑의 그림을 구체화시켰다. 버드(워런 비티 分)처럼 훤칠한 외모를 지닌 플라토닉 사랑의 신봉자를 만나 초원에서 평화롭게 사는 꿈이었다. 빛나는 광채나 삶의 비애를 알 까닭이 없는 순진무구한 정신의 유희였다.

몇 년이 흐른 후 허리우드극장에서 같은 영화를 보며 나는 흐르는 눈물을 주체할 수 없었다. 사랑 때문에 정신 줄까지 놓았던 청순한 윌마가 몇 년간 치료를 받은 후 자신을 아프게 했던 버드를 만나러 갔을 때는 어깨까지 들썩이며 울었다. 저마다 다른 불행을 겪은 두 사람이 회한에 젖어 바라보다 쓸쓸히 일상으로 돌아가는 모습이 애잔하게 느껴졌기 때문이다. 사회인이 되었음에도 여전히 관습에 억눌려있는 스스로에 대한 연민이자 베트남으로 떠난 후 연락두절인 L에 대한 연민이기도 했다.

그는 오빠가 충청도 현장을 오가며 일할 때 하숙했던 인연으로 알게 된 사람이다. 그 집에서 떠난 줄 모르고 보낸 내 편지를 반송하며 겉봉에 '정아'라고 썼던 사람, 버려도 그만인 것을 사유까지 써서 되 보내준 이름 예쁜 여자에게 보낸 내 답에 그의 답이 이어지며 편지로 교유하게 되었다.

수덕산과 안면도의 풍광을 서정적으로 묘사하고 필체도 예쁜 정아는 의심할 바 없는 문학소녀였다. 오빠가 참 좋은 사람이었다고 말할 땐 '사모 하는군' 지레짐작하고 맞장구를 치기도 했으니 말이다.

이런 내가 한심하고 안 돼보였는지 어느 날 본의가 아니었음을 고백하는 편지를 사진과 함께 보내왔다. 나는 아담의 교신부호를 해독하지 못한 우둔함과 먼 행성에서 온 ET와 손가락을 마주치기라도 한 것 같은 떨림에 화들짝 놀라 숨어버렸다.

마음을 들킬까봐 꼭꼭 숨어있는 동안에도 그의 편지는 쌓여갔다. 여전히 단정하고 차분한 문체였다. 그는 쓰는 걸 좋아하는 사람이었다. 내 타임캡슐에 들어있는 그가 마지막 보낸 편지 한 장은 소꿉장난 같은 그 치기어린 기억들이 신기루가 아니었음을 일깨운다. '아주 멀리 떠나버릴 것 같아' November3 '68 정아.

〈초원의 빛〉은 이후로도 잊을만하면 TV에서 방영했다. 나는 영화를 보며 그때 왜 그렇게 울었을까 실소하다가 농장으로 찾아온 윌마를 배웅한 후 버드가 아내에게 돌아와 멋쩍은 듯 저녁 언제 먹을까? 묻는 장면에서 냉소를 금치 못한다. 밥 먹자는 말에 이골이 난 여인네의 눈에나 들어오는 디테일이다.

첫사랑은 이슬을 머금었기로 풀잎처럼 풋풋하리라는 환상대신 풋풋한 밥상을 차리며 살던 어느 날 나는 뜻밖에도 L의 전화를 받았다. 참으로 알 수 없는 사람이다. 나를 찾아낼 만큼 용감하고 적극적인 사람이었나? 이럴 만큼 우리가 친밀했던가. 오빠 안부를 묻는 걸보면 자상하기까지 하다. 우리는 성년이 된 아들딸 이야기를 하다가 한 세대가 훌쩍 지났음에 사뭇 숙연해하기도 했다.

L은 자신을 죽었다고 생각하지 않았느냐고 물었다. 그는 '죽은 척'으로 내 변심에 복수하고, 나는 갈까 말까 고민할 때 핑계거리를 준 대가를 극장에서 눈물로 치른 셈이다.

전화로 끝낼 분위기가 아니다싶을 때쯤 그가 바깥에서 한 번 만나고 싶다는 제안을 해왔다. 불감청고소원, 나는 망설임 없이 동조했다.

우연이라도 길에서 마주치는 것이 로망이라는 그 첫사랑이 작심하고 나를 찾다니! 믿어지지 않았다. 어떤 옷을 입을까, 무슨 말을 할까 풍선처럼 붕붕 떠서 구름 위를 걷다가 땅에 닿는 순간 마법에서 풀려난 듯 정신이 번쩍 들었다. 만나고 싶다는 뜨거운 심장과 만나지 말라는 차가운 머리가 하루에도 여러 차례 소용돌이를 일으켰다.

고심 끝에 나는 첫사랑의 추억은 추억으로 간직해야 아름답다는 칼라일의 충고와 '아니 만난 것만 못하다'는 피천득의 〈인연〉을 따르기로 했다. 시든 백합처럼 초라한 아사코가 되고 싶지 않은 마음과 비밀이 생기는 것이 불편한 나의 소심함 때문이었다.

나는 차분해진 마음으로 그의 전화를 기다렸다. 서로에게 풋풋한 모습으로 기억되자고 하면 그도 기꺼이 공감하리라.

초원의 빛이여, 꽃의 영광이여
그 시절이 다시 돌아오지 않은들 어떠리
우리 슬퍼하지 말고
오히려 남아있는 것에서 힘을 얻으리

이심전심, 그런 내 마음을 읽기라도 한 듯 그의 전화는 끝내 오지 않았다. 일찍 워즈워드의 시를 암송했던 학습효과였을까.

어디선가 나처럼 늙어갈 그가 가끔 생각난다.

기억의 재생 - 칠보목걸이

나는 인류 욕망의 화신이다. 내 앞에 무릎 꿇고, 눈멀고, 목숨 거는 인간들 속에 황금을 돌같이 보라는 사람은 최영 장군 뿐.

나는 인간이 상상하고 생각하는 대로 쓰였다. 귀에 걸고, 코에 걸고…… 지하세계로 돌아간 왕의 관과 황금마스크가 되기도 했다.

나는 온 곳을 모른다. 섭씨 1064도 용점이 전생의 기억을 잊는 망각의 강 레테. 장인의 손에서 나는 목걸이로 환생했다. 동그란 모양에 꽃잎을 칠보로 입혀 광채에 예술까지 더해졌다.

어느 날 내 앞에 멈춰선 청년의 눈길이 유심했다. 그의 손에 이끌려 나는 사랑의 메신저가 되었다.

그녀의 마음을 엿볼 수 있는 자유. 뜨거운 심장의 고동과 방황하는 청춘의 고뇌를 지켜보았다. 멀리 있는 남자에게 그리움을 담은 편지를 쓰다가도 허공을 바라보며 긴 한 숨을 토해내기도 했다.

내가 구석에 처박히면 그들의 애정전선에 사단이 난 것이다. 절교 편지를 보내거나 어디론가 떠난다며 남자를 혼비백산하게 만들기도 했다. 무던히도 애를 태우더니 그녀를 바라보다가 노총각이 된 남자에게 인심 쓰듯 스물네 살 여자가 시집을 갔다.

황금의 노예, 황금에 눈이 멀었다는 등 그동안 기고만장하게 했던 숱한 수식어들이 갑자기 무색해졌다. 소박하나마 격을 갖춘 예물함 속에서 황금빛은 빛도 아니었으며 칠보를 입힌 탓에 우중충하기까지 했다. 나의 황금기는 그녀의 사슴 같은 모가지를 독점했던 그때, 그녀의 황금기 또한 나와 함께 했던 시절이었음을 살아가면서 뼈저리게 느끼리.

꽃의 시절은 짧고, 삶은 예상했던 것보다 오래 지속된다.

회색머리 여자가 도수 높은 안경을 끼고 책을 읽다가 밑줄을 그었다.

몰라볼 뻔 했다. 모습은 변했지만 읽고, 쓰고, 듣고, 뜨개질하고, 골똘히 생각에 잠기는 습習은 여전하다. 배냇짓하는 아기처럼 꽃 시절에 하던 짓에 오늘은 하나가 더해졌다. 나는 〈기억의 재생〉 자서전워크숍에 참가한 여자의 가장 아름답게 추억되는 사물로 거울 앞에 돌아왔다.

우리는 서로 연민에 찬 눈빛으로 바라보았다. 그럼에도 묻혀있던 보물을 찾아낸 듯 마른 꽃 같은 얼굴에 미소가 피어올랐다. 눈이 부신 듯 바라보더니 그날처럼 달뜬 목소리로 나를 소개했다.

47년 전 가을 속리산 문장대에서 K가 생일선물로 준 거랍니다. 걷다가 힘들어하면 밀어주고 끌어주고 업어도 주던 사람. 빨리 결혼해야하는 남자가 어쩌다 빨리 결혼할 수 없는 여자에게 꽂혀서 고생이 많았어요.

새치기는 절대 안한다는 말을 암묵적인 동조로 알고 오빠와 두 언니가 결혼할 때까지 묵묵히 기다리더군요.

그런데 제가 수시로 변덕을 부렸어요.

간호사 해외취업이 활발하던 때였죠. 출국 절차가 끝날 즈음 떠나겠다고 알렸더니 사색이 되어 달려왔어요.

내 생에 여자는 오직 한사람. 결혼하지 않고 살겠다고 담담하게 말했어요. 맹한 남자의 순정에 맹한 여자가 발목을 잡힙니다. 두 갈래 길에서 방황하고, 가지 않은 길에 대한 미련이 왜 없었을까요.

가끔 그때를 회상하며 남편은 꿈 많던 사람 발목 잡아 미안하다고, 저는 헤어졌더라면 평생 그리워하며 살았을 거라고 말합니다.

이 목걸이를 걸어주며 속리산 정기를 빌어 '나를 벗어날 수 없어'라는 주문이라도 넣었던 걸까요.

엉큼한 순정남! 별도 달도 따줄 것 같던 엉클 K!

열혈 청춘이던 그 때가 그립습니다.

그림 그리기

어?! 어느새 마타리 꽃대가 불쑥 올라와 있네. 나는 여름이 짙어지고 별나게 노란 그 꽃이 눈에 들어오면 뭔가 아린 듯 기분이 묘해져.

나이 먹는다는 게 좋고 나쁜 것 없이 그저 덤덤해져오는군. 내가 혼자서 내 생체리듬을 조심스레 조절하다가 누가 오면 마음이 어수선해져 쓸데 없이 말을 많이 하고 그러면 또 얼마간 집중이 잘 되지 않아.

내 밭은 워낙 험해서 너희가 간 다음 야생벌레에 수없이 쏘이며 열심히 풀을 뽑는데도 여전히 정글이고 풀숲에 있는 긴 뱀에 화들짝 놀란다.

내참! 어떻게 내가 일하고 있는 옆에서 태평스럽게 자고 있을까? 사람 냄새가 나지 않는 모양이지. 새들도 방안에 집을 짓더니 새끼를 쳤나봐.

오늘은 무성한 풀밭을 팽개쳐두고 서늘한 바람을 맞으며

책을 읽다 졸다하며 하루를 보내고 있어. 가을이 익고 초겨울이 올 때쯤 뱀에 겁먹지 않으면서 주변을 멋지게 정리해 볼 참이야. 안녕.

친구가 보낸 엽서를 읽을 때 나는 가끔 글이 그림으로 환치되는 느낌을 받을 때가 있다. 1호크기의 목가적인 풍경화를 감상하는 그런 기분이다.

편지를 주고받은 지 30여 년 된 이 친구가 엽서만 사용하는 것에는 한 장의 종이봉투라도 아끼려는 알뜰함과 자원절약 의지가 담겨있다.

산속에서 혼자 사는 친구는 나보다 걱정이 더 많다. 세상이 점점 나빠지고 있다며 탄식하고, 이런 시대를 타고난 자신의 업장을 녹이기 위해 사색하고 기도한다. 내 식구의 안위에만 정신을 쏟고 사는 나를 되돌아보게 하는 부분이다.

세상이 소요스럽지 않은 때는 없었다. 이념이나 영토, 종교, 인종. 자원쟁탈이 부른 전쟁에서부터 재난이나 질병이 인간을 괴롭힌 역사가 오늘에 이어지고 있는데 대해 다수의 사람들이 무덤덤해하는 것에 견주면 친구의 생각은 격이 다르다.

지구환경이 나날이 악화되는 게 안타까워 생태농업에 뛰어든 것도 자연에 대한 인간의 지나친 개입에 염증을 느낀

탓도 있을 것이다. 그러나 산자락에 흙집을 짓고 자연주의 이상을 외롭게 실천해가는 착한 농부에게도 강적이 있다. 수확에 이른 농작물을 마구잡이로 헤집어놓는 멧돼지들이다. 뱀도 무서운데 덩치 큰 멧돼지의 출몰이라니 나도 심란해진다.

동문수학하고 직장생활도 함께 하며 우정을 나누었던 나의 오랜 벗! 내가 평범한 길을 가는 동안 친구는 안정적인 직장을 그만두고 자연 속에서 영적인 충만을 누리며 살고 있다.

굳이 흙집을 지은 연유도 사람에게 이롭고 언젠가는 자연으로 되돌릴 수 있는 소재여야 한다는 자연주의자의 별난 고집이다. 그런 그가 거인처럼 크게 느껴지다가도 사는 초막을 떠올리면 그가 마타리 꽃을 볼 때처럼 아린 기분에 사로잡히고 만다.

편지를 쓰다가 문득 친구가 혼자 명상에 잠기거나 기도하는 모습을 그림으로 그리고 싶은 충동을 받을 때도 있다.

창가에 앉아 책을 읽다가 졸다가 조용히 일어나 느린 걸음으로 마당에 나와 송아지 등을 쓰다듬는 풍경은 머릿속에서 벌써 몇 장의 밑그림으로 그려지고 있다. 나뭇잎을 바람 부는 방향으로 누이고, 방안 천정에는 어미가 날아드는 새

[鳥]집을 그린다. 흙이 씻겨 돌이 드러난 처마 밑에 또아리를 틀고 있는 뱀까지.

지난여름 친구들이 놀러가 일박一泊 할 때 뱀이 방안으로 들어올지도 몰라 문을 닫자고 했더니 '손님이 놀라니까 이틀 동안 나타나지 말라'고 타일렀으니 믿어보자고 했다. 뱀이 말귀를 알아들었을까마는 사람냄새에 지레 숨어버렸는지 흔하다는 뱀이 한 번도 나타나지 않았다.

옷 속으로 기어오르거나 스멀거리는 벌레들에 소스라쳐도 "내 친구들이야!"하고 천연스레 말한다. 친구의 친구는 우리에게도 친구이니 벌레들이 기어오르는 것도 우정 표현으로 받아들이자며 웃을 수 있었다.

이번에 들여온 송아지 〈하하〉야말로 호젓함을 달래줄 말벗으로 그녀의 진정한 친구가 되어줄 것이다. 마당에 무성한 풀을 이틀에 걸쳐 모두 뽑아주고 왔지만 지금쯤 자라서 다시 풀밭이 되어있을 것이다. 송아지가 그 풀을 뜯어먹으며 무럭무럭 자라는 한편 잡초 뽑는 일로 골몰한 친구의 일손도 덜어 주었으면 좋겠다.

다만 웃고 살자는 염원을 담아 '하하'라고 부른다는 생후 5개월 된 요놈이 어미를 찾아 가출하는 바람에 아랫마을에 내려가 끌고 오느라 웃는 것은 고사하고 울고 싶을 때가 있단다. 걱정이다.

송아지 때문에 힘들어 하면서도 친구는 조만간 새로운 계획을 실행에 옮길 거라고 한다. 이번에는 멧돼지가 밭으로 내려오는 길목에 우리를 지어 암퇘지를 기른다는 발상이다. 기르는 돼지가 멧돼지 따라 산으로 들어가지 않을까하는 내 걱정에 먹을 것을 우리에 넉넉하게 넣어주면 된다고 씩씩하게 대답한다.

돼지의 이름을 '호호'라 지으면 어떨까. 부디 암퇘지가 일가를 이루어 친구의 흙집을 보수할 자금에 보탬이 되고 농작물 피해도 줄이는 행복한 결말이 나기를, 그래서 우牛하하 돈豚호호 웃음소리가 오항리 골짜기에 가득 퍼졌으면 좋겠다. 이 웃음소리는 어떻게 그려야할까?

현대 유목민, 노마드 - 이사의 기억

열여섯 살에 부모 슬하를 떠나 결혼 할 때까지 여러 곳을 옮겨 다니며 살았다. 주로 기숙사에서 지냈으므로 짐이라고 해봐야 옷가지와 침구, 책, LP레코드판, 화장품…… 아! 가축과 게르만 없을 뿐 처녀가 가지고 다니기에는 작은 짐이 아니었다.

결혼을 하며 진주 시댁에서 신접살림을 시작했다. 유목생활을 끝냈으니 텃밭에 채소도 심고 화단에 꽃도 가꾸었다. 정착민으로 살아가나 했는데 4년 만에 이사할 사정이 생겼다. 아이들도 태어나고 살림재미가 붙을 무렵이었다.

일곱 식솔을 대동하고 칠암동에서 상평동으로 이사했다. 마당과 텃밭이 있던 오래된 일본식 집에서 정원이 있는 양옥으로 오며 삶의 질이 급상승했다.

우물가 앵두나무와 농장하는 시숙에게 배워서 뿌리를 내

린 동백, 호랑가시나무와 목련을 옮겨 심었다. 잔디밭에서 뛰노는 아이들을 보며 즐거운 나의 집을 노래 불렀다. 그러나 상평동 집이 우리에게 허락한 시간은 2년 남짓이었다.

남편이 옛 직장으로 복귀하며 친정 가까운 강원도 삼척으로 이사를 했다. 늘 그립던 엄마 가까이 온 대신 시댁에서는 한참 멀어졌다. 결혼 7주년기념일에 아들이 태어나 양가 부모님들이 기뻐하셨다.

일본식, 서양식에 이어 이번에는 아파트에서 살게 되었다. 바다갈매기가 날아다니는 오십천변의 전망 좋은 열다섯 평짜리로 회사가 제공한 집이었다.

엄마는 시골에서는 희귀한 새로운 주거형태에 딸이 사는 걸 자랑하고 싶어 고향 할머니들을 차례로 모시고 와 며칠씩 묵어가셨다.

명태, 오징어, 꽁치가 사라질 거라는 생각은 꿈에도 할 수 없던 시절, 동해에서 갓 잡아온 해산물을 원 없이 먹으며 태평성대를 누렸다. 23평으로 옮겨 2년을 더 산 후 남편이 서울 발령을 받아 7년 간의 삼척 생활을 마감했다. 엄마가 무척 섭섭해 하셨다.

1986년 동대문구 장안동 가든아파트에서 서울살림을 시작했다. 서울에 이런 가든이 있었다니!

아이들 학교와 남편 근무처, 전세금 등을 고려해도 괜찮은 곳이었다. 복병은 법정전세기한. 해마다 주인이 집을 비워달라는 바람에 4년 동안 내리 세 번 이사를 했다. 짐 싸고 푸는데 도가 트일 무렵 전세노마드 신세가 처량해 여의치 않은 형편에 강남 집을 확 사버렸다.

아들 학군과 여의도로 출근하게 된 남편을 위해 한강, 그 루비콘을 기어이 건너고 말았다.

카오스!

혼돈의 시대였다. 뱁새가 황새 따라가려다가 가랑이 찢어진다더니 대치동에서의 삶이 그리 행복하지 않았다. 교육 1번지에서 맹모는 수필 공부로 등단했으나 맹자는 재수 끝에 지방대학에 갔다.

사람이 모이는 곳에서는 늘 돈 애기가 오갔다. 누구는 빌딩이 두 채라더라. 누구는 ○○그룹 며느리라더라. 돈 많고 인물 좋고 능력 있는 사람들을 많이많이 만났다. 강남은 그런 동네였다. Not for me.

남편과 노후를 보낼 곳을 찾아다니다가 1999년 덕소 한강변에 둥지를 틀었다.

할 일을 찾던 중 우연히 간호사면허증이 필요한 헬스관련 재택업무를 하게 되었다. 남편이 도와주어 9년간 놀며 일하며 여윳돈으로 해외여행도 몇 차례 다녀왔다. 결혼한 이래 열한 번째 보금자리에서 13년 최장기간 살았다.

어쩌다보니 파주까지 와서 살게 되었다. 지인이 좋은 뜻으로 사라고 권한 분양권에 코가 꿰어 운정에서 5년째 살고 있다.

출판단지가 있는 문화예술도시답게 문화혜택을 많이 누린다. 우리나라 최초의 음악도서관이 우리 동네에 있다. 이보다 더 좋을 수 없다. 계획도시답게 녹지가 많아 삶의 질도 높아졌다.

통일이 되는 그날, 북쪽 땅을 먼저 밟고 싶은 소망을 파주에서 이루고 싶다. 누가 알겠는가. 송악산 아래 살게 될 지. 내 속에 아직도 노마드의 피가 흐르고 있다.

묵호를 아는 가

심상대 소설가가 동향이라는 걸 〈묵호를 아는 가〉를 읽으면서 알게 되었다. 제목에 이끌려서 읽게 된 것으로 그의 첫 발표작이다. 1960년 옥계에서 태어났다고 한다. 외지인이 거의 없던 손바닥같이 빤한 동네의 어느 댁 자식이었을까.

항구에 정박해 있던 큰 배와 부두에 쌓여있던 생선들, 호롱불만 보다가 눈에 부셔서 바로 쳐다볼 수 없는 전깃불이 어린 눈에 참 신기했었다.

내가 본 놀라운 세상이 지명地名에서 보 듯이 검은 묵호墨湖였다. 계곡마다 맑은 물이 흐르는 옥계玉溪와는 인접해 있었지만 딴 세상이었다. 뉴질랜드에 살다온 어느 작가가 인구밀도가 낮아 조용하면서도 깨끗한 자연을 지닌 뉴질랜드를 재미없는 천국에, 좁은 땅에 항상 시끌벅적하고 문제가 많은 우리나라를 재미있는 지옥에 비유한 것을 그대로 적용해도 될 만했다.

묵호는 태백, 황지에서 채굴한 무연탄의 수출항이자 동해안 최대 어업전진기지였으므로 검을 수밖에 없었다. 명태, 오징어, 꽁치가 잡히는 철이면 뜨내기들이 몰려들었고, 배들이 진을 치고 있는 부두는 늘 시끌벅적했다.

오징어가 잡히기 시작하면 줄을 맬 수 있는 곳은 어디라도 건조용 오징어가 휘장처럼 내걸린다. 우리 집 빨랫줄에도 오징어를 널었던 적이 있었다. 밤이면 인 성분이 도깨비불처럼 괴기스럽게 번뜩여서 기분 나쁘지만 불에 구운 반건오징어에 맛을 들이면 그런 불빛쯤이야 문제되지 않았다. 비가 내리는 날이면 벌겋게 색이 변하며 독특한 냄새를 풍겼는데 그것이 바로 묵호 냄새였다.

비오는 날은 오징어 썩는 냄새로 뒤덮이고, 바람 부는 날은 부두에 쌓여있던 석탄이 뒤덮으며 묵호는 온전히 검은 바다로 변한다. 심상대는 어둑한 그 때가 가장 묵호다웠던 참다운 묵호였다고 회상한다.

"애야, 떠나거라. 어서 떠나거라. 애야, 바다에는 아무것도 없단다. 자아, 어서 인간의 바다로 떠나거라."

한 잔의 소주와도 같은 바다라고 묘사했던 묵호바다는 귀향한 젊은이를 따뜻하게 보듬어주지 않는다. 산업화가 되면서 고향을 떠난 수 많은 장삼이사들이 삶의 터전을 따라 유목민처럼 살아가던 시대였다. 우리라고 다를 바 없었다.

고향은 쉽사리 갈 수 없었기에 늘 그리움의 대상이었고, 묵호는 회억回憶의 바람잡이가 되는 곳이었다. 어머니를 졸졸 따라다니던 부둣가와 미로 같은 시장골목과 역전풍경이 눈에 선히 다가오고는 했다. 세상으로 나가기 위해, 세상에 나갔다가 고향으로 돌아올 때도 지나야 했던 관문 같은 곳이었다.

상행선과 하행선 첫 기차가 닿을 무렵 역 앞에 서던 새벽시장에 어머니를 따라 왔던 적이 있었다. 인근 시골사람들이 생산한 농산물이 짧은 시간 안에 빠르게 거래되는 번개장터였다.

가을걷이가 끝나면 감 수확이 시작된다. 예전에는 곶감을 만들거나 겨우내 홍시로 익혀가며 먹었지만 영동선이 개통되며 유동인구가 많은 묵호가 최대 소비시장이 되었다. 어머니는 도매상에게 감을 넘기고 그 돈에서 몇 푼은 생선과 생활필수품을 사오고는 했다. 직장 휴가를 받아 집에 갔더니 마침 감을 수확하는 철이었다. 어머니는 날마다 새벽기차를 타고 번개시장에 감을 팔러 가셨다. 오랜만에 묵호도 구경할 겸 나도 감을 이고 시골처녀 분장으로 엄마를 따라나섰다. 나는 지금도 감은 잘 사먹지 않는다. 파는 물건이지

사는 물건이라는 생각이 안 들기 때문이다.

그날 이후 번개시장 장세 받는 아저씨가 며느리 삼고 싶다고 졸라대는 바람에 어머니는 한동안 시달렸다고 한다. 사윗감이 있다는 말까지도 둘러대는 것으로 알고 그해 가을이 가도록 장세도 받지 않고 조르더라 한다. 은근히 으스댔을 엄마 표정이 그려진다.

지금은 그 번개시장도 없어지고 행정구역이 동해시로 바뀌었다. 시가지는 깨끗하고 차분해져서 예전의 묵호라고 생각할 수 없이 재미 없는 천국으로 변해 있는 듯하다. 전성기라는 말 속에는 어쩐지 쓸쓸함이 배어 있다. 누구에게도 찾아오지만 언젠가는 지나가 버리는 숙명이 담긴 말이어서 그렇다.

나는 전성기였던 어둑했던 묵호를 보낸 자리에 '재미있는 천국'으로 진화된 이상향 묵호를 그려 넣는다. 묵호바다는 고향을 찾아온 젊은이에게 떠나라고 등 떠밀지 말기를, 어머니처럼 따뜻하게 맞아주기 바라는 마음에서다. 그때 누가 내게 "묵호를 아는가"하고 묻는다면 대답해줄 것이다. 묵호를 좀 안다고.

우묵배미의 사랑

바람의 섬

제주도의 봄은 고사리장마라는 토속어가 있을 만큼 비가 자주 내린다. 찬 대륙기류와 북상하는 따뜻한 해양기류가 부딪치는 기상현상 때문이다. 봄이 아니어도 비바람이 지나는 길목이라 섬은 늘 풍파에 시달린다.

그 옛날 삼성혈에서 고·양·부가 출신했다는 소식을 벽랑국의 공주들에게 전한 것도 아마 바람이었을 것이다. 혼인지의 전설이 정설로 느껴질 만큼 제주도의 풍광은 신비스럽다. 화산이 낳아 무구한 세월동안 자연이 다듬어온 곳에 인간이 길을 만들었다. 걷는 사람들을 위한 길, 제주올레이다.

몇 년 전 친구들과 서귀포에서 중문에 이르는 해안코스를 놀며 쉬며 걸은 적이 있다. 작심하고 며칠이라도 걸을 수 있는 건강과 좋은 날씨에 감사하며 아름답고 매혹적인 풍광에 흠뻑 빠졌었다. 억새가 피고 귤이 익어가던 그 때 우리는 참 행복한 여행자였다.

이번에는 함덕에 베이스캠프를 차렸다. 올레를 시작한 날부터 다행히 맑은 날이 이어졌다. 곰팡이가 슨 것처럼 푸르죽죽하던 바다와 하늘이 빛을 되찾고 잠잠하던 바람도 덩달아 극성스러워졌다. 바람은 숙소의 지붕을 날려버릴 듯 밤새 불더니 바닷가를 걸을 때는 눈을 뜰 수 없게 한다.

피할 수 없으면 더불어 즐기리라. 나는 기암절벽에 포옹하고, 돌담 틈새를 지나, 연녹색 잎들이 융단을 펼치 듯 대지를 덮어가는 경이로운 봄과 마주하는 바람이 된다. 바라보기만 해도 욕망이 입을 다물게 하는 풍경이라고 했던 장 그르니에의 〈섬〉에 비견할 바 없을 바람의 섬에서 오히려 나의 욕망은 입을 다물지 못한다.

아침에 일어나면 오늘 또 어떤 풍경과 마주할지 마음이 설렌다. 익히 알려지고 접근성이 좋은 코스는 저잣거리처럼 붐비고 어떤 길은 너무 한적하여 자연과 절로 교감하게 된다. 걷다가 지치면 갯바위에 앉아 바다를 보며 생의 시원을 떠올려보기도 한다.

직립인간으로 육화된 걷기에 대한 향수를 떨쳐버리지 못함인가. 다시 걷는다. 음악에도 단조를 들을 때 깊은 울림이 있는 것처럼 삶을 담금질하며 활력을 얻어간다고 나는 스스로에게 묻고 대답한다.

하루는 한라산을 오르며, 또 하루는 미술관이나 박물관으로, 또 하루는 우후죽순처럼 핀 고사리를 꺾으며 보내기도 한다. 바람이 포자를 산지사방으로 날라 곳곳이 고사리 밭이다. 귀물도 못 되는 것이 인간이 허리 구부리고 머리 조아려야 하나라도 채취를 허許하는 요물이다. 여린 순이 굳은 땅을 뚫고 올라오는 걸 보면 봄비를 고사리장마라고 부르는 섬사람들 마음이 읽힌다.

누구에게는 피난지였고, 누구에게는 유형지였으며, 누구에게는 여행지였던 사연 많은 땅, 부근을 지나는 태풍의 영향권에서 벗어난 적이 없으며, 전쟁과 항쟁, 폭동의 아픈 역사를 지닌 땅이기도 하다.

내 한 걸음 한 걸음이 섬의 평온을 기원하는 지신밟기가 되기를 소망하며 여행 마지막 날 제주올레의 마침표이자 21코스의 화룡정점인 지미봉을 다시 찾았다. 올레가 지나는 스무 개 오름 중 360도 시야에서 최고의 경관을 가장 많이 볼 수 있다는 곳이다. 날씨나 바람, 조류의 흐름에 따라 하루에도 몇 번 풍경이 바뀐다.

말미오름의 움푹한 분화구, 용의 비늘 같은 종달 포구의 파도, 뱀을 보고 혼비백산했던 우도봉, 바람에 날아갈 뻔 했던 성산일출봉…… 신촌포구에서 쇠소깍까지 그동안 걸었던 길을 바라보며 찬찬이 복기한다. 저 길을 걷는 동안 내 몸과 마음에 물집과 맷집이 함께 잡혔을 터, 나는 필시 더 단단해졌을 것이다.

광풍이 몰아쳐 공항이 폐쇄되던 날, 섬을 일주하는 버스에 앉아 형체도 없는 바람이 펼치는 쇼를 보았다. 풀이 눕고, 나무가 눕고, 섬이 드러눕는다. 바람 불어 좋은날. 바람 불어서 더 좋았던 날들이다.

수원화성에 가다

꽃이 피었던 가지에 잎이 돋고 어느새 열매가 맺혔다. 계절은 순환하고 무한 우주공간에서는 매순간 탄생과 소멸, 전진과 후퇴, 입신과 퇴락이 거듭되고 있다.

인류가 출현한 이후 흔적도 없이 살다간 민초들 속에 선명한 발자취를 남긴 이들이 있다. 2012년 유네스코가 루소, 드뷔시. 단테와 함께 올해의 세계문화인물로 선정한 정약용이다. 그의 삶을 재조명하는 작업이 곳곳에서 펼쳐지는 가운데 다산연구회 회원으로 〈수원화성〉 답사에 올랐다.

남문에서 성곽을 따라 팔달산 정상을 향해 오르는 길은 최고의 난코스로 꼽힌다. 올라오면 사방 백리가 한눈에 들어오는 화양루까지는 평탄한 오솔길이다. 성곽은 4대문과 봉돈, 망루, 치稚가 일정한 간격으로 들쭉날쭉한 돌기를 이루는 나뭇잎 모양이다. 이 오솔길이 잎자루에 해당되는 곳으로 정조의 문화성향이 곳곳에 배어있다. 지형을 훼손하지 않으면서 포루와 공심돈을 자연친화적으로 배치하고 화홍문 근방에 이르러서는 군사시설은 잊어라. 낭만적인 정취에 흠뻑 빠져들게 된다. 수원천이 무지개 수문을 통해 스스로를 희롱하듯 물보라를 일으키며 재잘거리며 성안으로 흘러든다. 방화수류정에 앉으면 누구라도 '꽃을 쫓고 버들을 따라'가고 싶은 마음이 들지 않으랴.

조선 22대 왕에 오른 정조는 아버지 사도세자의 원침을 화산으로 옮긴 후, 용주사를 지어 위패를 모신다. 그리고 허허벌판이던 팔달산 아래에 신도시를 조성하고 수원부 관아를 확대해 행궁을 완성했다. 효심에서 시작된 듯했지만 실은 당파를 개혁하고 왕권을 강화할 목적임이 600여 칸의 행궁 규모와 성곽의 군사시설에서 나타난다. 정조는 성이 완공된 후 〈서호장대〉의 편액을 써 걸고 장대에 올라 대대적인 군사훈련을 진두지휘한다.

행궁은 정조가 열세 차례나 융릉을 참배할 때 유숙하며 정치구상을 하고, 어머니 회갑연을 열기도 했던 곳이다. 어릴 때부터 효심이 두터웠던 일화는 혜경궁홍씨가 남긴 〈한중록〉에 자세하게 기술되어 있다. 문재가 뛰어나고 분별심이 강했던 홍 씨는 숱한 고난 속에서도 아들을 모범적인 군주로 성장시킨다.

정조는 학문을 연마하며 당파를 가리지 않고 실학자를 중용하여 백성들의 삶에 실질적인 이로움이 될 정책을 편다. 특히 정약용에 대한 믿음과 애정은 각별하여 축성 중 부친상을 당해 시묘살이를 할 때도 사람을 보내 자문을 구하기도 한다. 2년 9개월 만에 성을 완공하여 공사비 6만 냥을 절약한 것도 인재를 알아보는 임금의 혜안이 있었기 때문일 것이다.

아쉽게도 조선시대 최고의 문화번영과 안정기를 구가했던 정조 시대는 갑작스런 그의 죽음으로 막을 내린다. 상업을 활성화하고 성 밖으로는 농업을 진흥하여 완벽한 신도시를 지향하는 계획이 마무리되던 무렵이었다. 왕의 절대적인 신임을 받던 정약용은 고향에 돌아와 '살얼음을 건 듯이 조심스럽게 살' 뜻이 담긴 〈여유당與猶堂〉을 짓고 칩거하지만 정적들에 의해 곧 강진에 유배된다. 다산은 이에 굴하지 않고 18년 동안 후학을 가르치고, 실학을 집대성해 한자문화권에서 가장 많은 양의 저술을 남긴 인물이 된다.

정조 이후 국운은 쇠퇴를 거듭하다가 일본 침략으로 조선은 몰락하고 민족문화는 도륙 당한다. 행궁은 철거되었고, 성곽도 풍우와 전쟁을 겪으며 허물어져 '동문은 도망가고, 북문은 부서지고, 서문은 서있고 남문만 남아있다'는 자조적인 말이 회자되었다.

수원화성이 옛 모습대로 복원될 수 있었던 것은 성을 쌓는 전 과정을 그림으로 남긴 〈화성성역의궤〉 덕이었다. 세계문화유산으로 등재될 수 있었던 것도 이런 기록문화와 화성에 담긴 효 정신을 인류가 공유할 가치로 평가받은 것이다.

성곽을 답사한 후 행궁이 있다는 신풍동으로 향했다. 1970년대 초반 수원도립병원에 근무한 적이 있어 그 동네는 누구보다도 잘 알고 있어 옛모습이 얼마나 달라졌을지 궁금했다. 옆에 신풍초등학교가 있었고, 앞에 신풍상회와 중국식당 신풍루가 있었는데 신풍新豊은 왕의 새로운 고향이라는 뜻이다.

당시 병원은 터가 넓었고, 후원에서 팔달산 정상으로 올라가는 오솔길이 있어 수어장대에 몇 번 올라간 적이 있다. 산중턱에서 내려다보면 병원 뒤편으로 정적에 싸여있던 건물 한 채가 있었다. 당초 건물로는 유일하게 남아있는 낙남헌이다. 정조가 모친의 회갑을 기념하여 과거시험과 양로연을 열었던 곳이었다.

상전벽해 앞에 선 느낌이랄까. 정조시대로 회귀한 듯 잠시 혼란스러웠다. 행궁 정문인 신풍루는 중국집 신풍루와 한자까지 똑같다. 병원 어디에서도 보였던 느타나무는 수령이 200년 넘었다고 하니 행궁이 들어서고 헐리고 다시 들어서는 모습을 지켜보았을 것이다.

봉수당은 〈혜경궁홍씨진찬연〉이 열렸던 행궁의 정당으로 중앙병동에서도 안쪽으로 들어간 후원 끝에 있다. 숲이 우거져있던 곳이었다.

일제는 역사말살정책으로 창경궁을 훼손해 창경원으로, 수원행궁을 헐어낸 자리에는 신민을 위한다고 자혜의원을 세운다. 해방 후 의료 수요가 많아지자 그 자리에 수원도립병원이 건립된다. 낙남헌은 직사각형인 병원 부지밖에 있어서 화를 면했지 싶다.

나는 묘한 기분에 사로잡혔다. 누군가 여기 행궁이 있었고, 저 뒤편에 큰 건물이 남아있다고 하는 말을 귓등으로 흘러들었던 나의 우매함 때문이다. 귀담아 들었으면 정조가 열세 차례나 머물며 정사를 보았고, 혜경궁홍씨의 진찬연이 열렸던 공간에서 2년을 그리 무의미하게 보내지는 않았을 것이다.

행궁에 팔달산 그림자가 서서히 내린다. 정조 시대의 역사와 다산의 역사, 나의 한 시절 역사도 그렇게 산 그림자 속에 잠겨간다.

우묵배미에 가다

나는 한 때 열 명 내외로 구성된 〈북악동인〉의 일원이었다. 수요일 저녁마다 북악산 밑에 있는 소설가 박영한 선생의 집필실에서 소설작법을 듣는 그룹이다. 신춘문예를 꿈꾸는 문청들 속에 수필을 쓰던 나를 선생이 받아들여 샛길로 들어간 것이다. 단어 하나, 문장 한 줄도 그냥 넘어가지 않는 치열한 수업 시간을 제외하면 선생은 온화하고 자상한 분이었다. 추울 때는 무릎에 덮을 담요를 마련해 놓았고, 요리하는 걸 좋아해 제자들 저녁을 손수 만들어 주었다. 라면을 먹을 때도 있지만 고등어조림과 고추기름이 동동 뜨는 육개장은 정말 맛있었다.

선생은 문학지의 표지에 모델로 나올 만큼 멋쟁이였으며 지극히 예술을 사랑한 로맨티스트였다. 서재에는 클래식 음악이 흐르고, 가끔 들꽃도 꽂혀 있었다. 수업이 끝나면 벌어지던 맥주파티에서 감미로운 목소리로 노래를 불러 좌중의 분위기를 압도하던 이도 선생이었다.

선생은 술과 담배를 좋아했다. 수업 중에도 흡연욕구를 참지 못했고, 목이 마르면 막걸리를 마실 때도 있었다. 덕소로 이사하게 되어 찾아갔을 때도 동네 주막에서 그를 그림자처럼 졸졸 따라다니는 J와 소금을 찍어먹으며 막걸리를 마시고 있었다. 내가 건강을 위해 자애할 것을 권유하자 죽을 때까지 끊지 못할 것 같다는 심약함을 내보이기도 했다.

덕소에 한 번 오겠다던 약속은 동의대 강의를 맡아 부산으로 가며 무산되었다. 내가 선생을 주제로 수필을 쓰겠다고 했을 때 "좋아! 날 어떻게 쓸지 궁금한데? 써 봐요"하며 흥미를 보이던 분, 금방 쓸 것처럼 넘치던 소재를 나는 끝내 엮지 못했다.

선생이 타계했다는 소식을 들었을 때 그를 쓰러뜨린 원흉이 술, 담배, 스트레스였을 거라는 생각이 들었다. 잘나갈 때는 마감에 쫓기며 글을 썼던 작가로 병상에서 했던 마지막 인터뷰에서 위암 투병의 고통보다 글 쓰는 고통이 더 컸다고 고백한다. 문학은 그를 필생의 업으로 이끈 닻이자 심신을 옥죈 덫이었던 셈이다.

덕소는 내 문학적 고향이라고 하던 선생이 생존해 있다면 이미시 서원이 주관하는 '작가와의 대화'에 기꺼이 응했을 것이다. 춘초몽! 아직 풀은 꿈에서 깨어나지 않은 이른 봄.

뒤풀이 자리에서 막걸리를 마시며 호탕하게 웃는 선생과 마주앉는 꿈을 꾸며 춘초몽 회원들 우묵배미로 간다.

도곡리 마을회관에 들러 토박이를 찾아 소설가가 살았던 집을 묻자 쑥배미 위치를 자세하게 알려준다. 거의 현대식 주택으로 바뀌었는데 그 집은 그대로 남아있다고 한다.

고대농장 입구에서 우측 산자락을 빙 돌아 들어가자 바깥에서는 보이지 않던 마을이 나타난다. 쑤욱 들어와 있어 쑥배미인 마을이 소설 속에서 우묵배미가 되는 항아리 속처럼 우묵하게 생긴 마을이다.

어귀에 있는 기와집에 들어가 찾아온 연유를 말씀드리니 자그마한 체구의 할머니가 나와 반갑게 맞아주셨다. 〈왕룽 일가〉의 안주인이자 〈오란의 딸〉에 미애 엄마의 실제 모델이 되는 박순례 씨다. 왕룽(영감님)은 몇 년 전 돌아가시고 석구(왕룽 아들)부부와 살고 계셨다.

할머니는 선생이 살았던 문간방이며 소를 키웠던 외양간까지 집안 이곳저곳을 친절하게 안내해주셨다. 팔십이 넘은 연세가 믿기지 않을 만큼 기억력이 좋으시고 말도 잘하는 타고난 이야기꾼이다.

"같이 먹지요"하며 밥상을 번쩍 들고 마당을 건너와 두 집 식구가 한 가족처럼 마루에서 함께 식사를 하던 일, 구두쇠

영감님의 가족 이야기를 그린 〈왕룽일가〉가 TV연속극으로 최고의 인기를 누릴 때 기자와 취재차 집에 찾아온 선생과 나누었다는 대화도 재미있게 들려주었다.

"잔디아빠는 거짓말쟁이여"

"하하하 그래 맞아요. 제가 거짓말쟁이예요."

재미를 위해 허구를 가미한 것을 두고 한 항변이었으리라.

스스럼 없이 어울리며 이웃의 일상을 들여다보는 관찰자로 때로는 동네 사람들 간의 갈등을 해결하는 중재자로 선뜻 나서는 작가의 모습은 우묵배미 연작 속에 오롯이 그려있다.

뼈에 살을 붙이고, 살에 뼈를 집어넣어가며 이야기를 전개해야 하는 소설가를 문간방에 들이기로 한 할머니의 선택은 동인문학상과 연암문학상, 오늘의 작가상을 수상한 중견작가의 소설에 주인공이 되는 행운도 함께 선택한 것이다.

글을 쓸 조용한 방 한 칸을 소망하던 작가의 눈물겨운 기록의 산실인 문간방을 들여다보았다. 방에는 허름한 농가의 외양에 어울리지 않는 골프백과 피아노가 놓여있다. 골프백의 주인인 아들부부는 호주에 여행을 갔고, '말괄량이 딸 미애'는 미국에서 산다고 한다.

일찍 땅의 가치를 알았던 왕룽의 '大地'는 몇 해 전 우묵배미 지척에 중앙선 전철역이 들어서며 땅의 색깔이 바뀐다.

이 금싸라기 땅의 최대 수혜자는 석구 씨일 터이다.

문득 <지상의 방 한 칸>에서 '임마!, 니가 소설가야? 소설가면 소설가지 내술 먹고 내 떠드는데 니가 무슨 간섭이야, 짜식아!'하며 낮술이 벌게져 들어와 문짝을 발로 차며 발악하는 홍 씨에게 만연필을 내보이며 사정하는 작가의 모습이 겹쳐진다. 궁핍했던 어린 시절과 베트남전 참전, 전업 작가로서의 생활고가 담겨있어 연민을 자아내는 선생의 삶과 대비되어서일 터이다.

바람이 지나가 듯이, 구름이 흩어지 듯이, 물이 흘러가 듯이 떠날 사람들은 떠나고 난 우묵배미에는 새소리만 들릴 뿐 조용하다. '딸기코 홍 씨'는 결국 술병을 얻어 저 세상으로 가고, 건강이 좋지 않은 '여주댁'은 가까운 W아파트로 이사 갔다고 한다.

1980년대 도시와 농촌의 경계에서 삶에 부대끼며 살아가는 모습이 세밀화로 그려졌던 <우묵배미 사람들>. 이곳이 선생의 문학탄생지라는 걸 지척에 사는 나도 몰라 오늘에야 와본다. 그렇게 사람들 기억 속에서 잊혀갈 것이다.

그 시대 우리네 자화상이기도 했던 붙들네와 배일도, 공례, 쿠웨이트 박, 연실네 모두 어디로 갔을까. 지상을 떠난 박영한 선생은 또 어디로……

무의자박물관 궁집을 품다

아들 둘에 딸 열두 명을 둔 임금 아비가 있었다. 그 중 다섯은 호적에 올리기도 전에, 여섯은 역사에 이름은 올리나 가슴에 묻는다. 금지옥엽 큰 아들(진종)은 어려서 죽고(아비에 앙심을 품은 여종이 독살했다는 설이 있다), 또 한 아들은 아비에 의해 산해진미 쌓인 고대광실 뒷마당에서 뒤주에 갇혀 굶어죽는다. 조선 21대 왕 영조는 아들에게 비정했으나 딸에게는 자애로운 아버지였다.

남양주시 평내로 9번지에 있는 〈궁집〉은 막내딸 화길옹주가 구민화에게 시집갈 때 재목과 대목장을 보내 지어준 집이다. 대목이 사가를 지을 수 없는 관례를 깬 것으로 자연스레 궁에서 지어준 집이라는 택호가 붙었다. 사랑채 누마루와 석재를 다듬어 마감한 배수로까지 소홀함 없고, 건립 연대가 확실한 조선시대 양반가옥이라는 학술적 가치가 인정되어 민속 문화재로 지정되어 있다.

조선왕조실록에도 영조의 딸에 대한 파격적인 일화들이 즐비하다. 화평옹주에게 능원대군의 옛집을 주면서 경복궁의 소나무를 베어 수리하게 했다거나, 화협옹주의 병세가 깊어지자 사가에 행차하여 밤늦도록 딸의 머리맡을 지켰으며, 남편 상을 당해 상심해있는 딸을 위로하러 찾아가기도 했다. 관례가 아니라며 백관들이 만류해도 소용 없었다.

집이 없으면 집을 지어주고, 병이 나면 의원을 대동하고 찾아다닌 임금 아버지도 말릴 수 없었던 딸이 화순옹주였다. 사도세자가 던진 벼루에 맞아 남편이 죽자 곡기를 끊어버린 것이다. 밥을 먹으라는 어명에도 끝내 아사하고 말았으니 자식 때문에 마음 편한 날이 없었을 아비다.

13살에 결혼해 궁집에서 살던 막내딸도 1남 2녀를 두고 스물한 살에 병사한다. 상심한 아비는 10만 냥을 보내 장례를 치르도록 했다. 현 화폐가치로 약 20억 원이다. 화협옹주가 죽었을 때도 거액의 장례비를 보내자 조정에서 이를 문제 삼았다고 한다. 곤룡포도 낡을 때까지 입을 만큼 검소했던 영조의 파격이 눈물겹다.

나라가 망하자 왕족들은 역사 속으로 사라졌다. 구민화의 후손들도 고택을 지키지 못하고 떠났다. 궁집 맞은편 언덕에 있던 화길옹주의 묘도 택지지구가 들어설 때 옮겨갔다.

사람살이만 오가는 게 아니라는 걸 보여주는 곳이 무의자박물관이다.

무의자無衣子는 '옷을 벗은 사람' '욕심을 벗어던진 사람'이라는 뜻으로 서양화가 고 권옥연의 아호다. 구상과 추상을 넘나들며 대한민국에 초현실적인 화풍을 일으킨 미술계의 대물이다. 그는 연극계의 대모인 부인 이병복과 프랑스 유학에서 돌아와 외국인에게 우리 문화를 보여줄 수 있는 가장 한국적인 공간을 계획하며 1963년 궁집을 인수한다. 이후 반세기에 걸쳐 주변의 논밭과 산을 사들여 조성한 8,000여 평 안에 해체위기에 놓인 고택들을 옮겨와 복원한다.

군산집은 순조의 큰며느리인 신정왕후의 군산 친정집 일부이고. 용인집은 구한말 송병준의 집, 연당 옆에 있는 다실은 서울대학교 관악캠퍼스 조성 때 옮겨온 강감찬 유적지의 사당이다.

궁집을 중심으로 고택 일곱 채와 초가 두 채, 전시관 등 경내에 있는 모든 것에 이들의 철학과 예술혼을 담았다. 작은 음악회를 열고, 연극을 올리고, 영화촬영, 학술회, 시낭송을 열 수 있는 복합문화공간인 〈무의자박물관〉으로 탄생시킨 것이다.

그 지난했을 과정이 철모르고 덤벼들어 반생을 쏟아 부었지만 혼자 힘으로 끌고 가기 힘에 부친다는 이병복의 한마디에 함축되어 있다.

해마다 11월 11일 11시에 이곳에서 〈가랑잎 Day〉가 열린다. 무의자를 응원하는 행사로 올해는 백여 명이 모였다. 준비해온 재료로 빈대떡을 부치고, 고기를 굽고, 국밥을 말아 점심을 먹은 뒤 쌓인 가랑잎을 치우기 시작한다. 쓸고, 자루에 담고, 담은 자루를 나르는 노동도 사물놀이패가 신명을 돋우어주는 이곳에서는 예술이 된다.

잎을 벗은 나목아래 지난해 타계한 권화백이 잠들어있다. 작은 향로 한 개가 그가 이곳에 있다는 유일한 표식이다. 부인이 향로 위에 담배 한 개비를 올렸다.

무대미술의 개척자로 40여 년 간 자유극단을 이끌며 연극 100여 편을 무대에 올린 그는 최근 이 박물관을 문화재단으로 만들었다. 물신숭배자들이 들끓는 세상에서. 무의자의 화신이 꿈꾸는 공간으로 발전해 나가길 기원한다.

(2012년)

미로를 보다

도시는 언제 잠들까. 밤이 늦도록 신은 위대하다는 독송이 스피커로 반복해 흘러나온다. 카사블랑카의 밤은 코란과 함께 깊어간다.

숙소는 번화가에 있지만 치안이 불안한 곳이라 밤에 나가지 말라는 당부도 있어 창밖만 내다보고 있다. 부르카를 쓴 여인들. 머리에 터번을 두른 남자들이 붉은 등이 켜진 희미한 거리를 오가는 모습이 낯설게 느껴진다.

사람 사는 게 비슷하다고? 환경이 다르면 차이는 극명해진다. 묵은 때가 낀 샤워부스와 누런 수건, 매미만한 바퀴벌레가 기어 다니는 걸 보았던 터라 잠자리에 들어도 등이 스멀거린다. 모로코는 아프리카에서는 잘사는 편에 속하지만 가까운 스페인과 열 배 정도 경제 차이가 난다. 오늘도 지브롤터 해협에는 유럽과 아프리카를 가르는 거친 해류가 흐른다.

8세기 무어인들은 더 나은 환경을 찾아 목선을 타고 해협을 건너 600여 년 간 이베리아반도를 지배한다. 역사학자들은 무어인이 없었다면 그곳 문명은 한참 뒤졌을 거라고 말한다. 스페인의 번영과 대항해 시대가 그냥 온 게 아닌 것이다.

이슬람 문화는 이후 아프리카에서는 왜 꽃을 피우지 못하는가. 모로코는 4,000m가 넘는 산악과 사하라 사막이 시작되는 곳이다. 척박한 환경에 적응하며 살아온 무어인의 후예들이 사는 페스로 간다.

가는 길은 탕헤르에서 합류한 '사이다' 씨가 안내, 페스에서 다시 한 명이 합류해 인솔가이드까지 세 명이 되었다. 9,000여 개의 거미줄 같은 길이 얽혀있는 메디나 골목에서 한명이라도 잃어버리면 안 되기에 현지인 가이드가 맨 앞, 중간에 한 명, 맨 끝에 키가 큰 사이다 씨가 따른다.

모로코 최초의 왕국 수도였던 페스는 1,200년 넘는 오늘날까지 전통을 고수하며 살아가는 이슬람 중세도시다. 골목길은 외적의 침입에서 살아남기 위한 생존의 역사다. 골목을 만들고 또 만들어 침입한 적이 길을 잃어 빠져나갈 수 없는 미로 구조로 발전시킨 것이다. 수많은 외침이 있었지만 로마침략 때를 제외하고는 요새처럼 지켜왔기에 오늘날까지 건재하다. 학교와 공방, 장터, 광장, 아이들 놀이터까지 다 갖추어진 골목 도시로 옛날에 세워진 대학까지 있다.

전통복장 젤리바를 입은 페스 가이드는 우리말 몇 마디를 익혀 적재적소에서 기발하게 사용한다. 똥 조심! 소지품 조심! 계단 조심! 왼쪽! 오른쪽! 하고 외치면 장터 상인들이 후렴처럼 따라하는 바람에 웃음바다가 된다. 사람 모이는 곳이라 소매치기가 많고, 짐을 나르는 노새와 당나귀의 배설물이 곳곳에 널려있어 조심은 필수, 냄새는 별로다. 그래도 가죽염색공장 냄새에 비하면 아무것도 아니다. 가죽을 부드럽게 하기 위해 쓰는 비둘기 똥 냄새가 그렇게 고약하다. 냄새만 지독하지 않으면 색색의 물감이 담긴 수조 속에 들어가 작업하는 과정이 놀이하는 것처럼 보이기도 한다.

양귀비꽃은 빨강, 샤프란은 노랑... 모두 천연재료들로 가공하고 염색해 세계적인 명품을 만드는 원단으로 쓰인다고 한다. 열악한 환경에서 하는 고된 작업이지만 임금은 보잘 것 없다고 한다. 공정무역의 손길이 미치지 못하는 것일까.

사이다 씨의 도움을 받아 낙타가죽으로 만든 스툴을 샀다. 스툴에는 모래바람을 맞으며 사막을 주유했던 낙타와 유목민의 혼이, 들판 위에 피어있던 색색의 꽃이, 저 뜨거운 햇볕 아래서 땀을 흘리는 인부들의 노고가 배어있을 것이다. 접어서 가져가기에 무난하고 문양과 색깔도 마음에 든다. 삶에 지치거나 무료할 때 페스의 여운을 스툴에서 느껴보리라.

일행들은 이틀 만에 스페인 그라나다에 돌아와 문명으로 회귀한 안락감에 한동안 들떠했다. 여행 중 일상이던 깨끗한 침대와 정갈한 음식이 새삼 감격스러웠던 것이다. 멀고도 가까운 모로코와 스페인을, 나아가 유럽과 아프리카를 가르는 폭 14km인 지브롤터 해협이 그 변곡점이다.

그 옛날 무어인들이 그랬 듯이 그 후예들도 목마른 땅에서 탈출하기 위해 목숨을 거는 모험을 한다. 오늘도 버스 밑에 들어가 밀입국을 시도하는 사람들을 보았다. 버스 전체를 스캔하기 때문에 성공할 확률이 전무하지만 매일 반복된다고 한다.

골목길은 어디에도 있다. 생존을 위한 개미집 같은 골목을 수 없이 만들고 또 만드는 것이다. 삶은 미로 속에서 길을 찾아 나가는 과정일지도 모른다. 미로는 어디에도 있다.

다시 보자 한강수야-석실에서

여러 대에 걸쳐 중요한 벼슬을 지내며 나라와 운명을 같이 하는 집안을 교목세가喬木世家라 한다. 남양주시 와부읍 석실石室에는 안동김씨를 교목세가의 반열에 올려놓은 선원 김상용(1561~1637)과 청음 김상헌(1570~1652) 형제의 묘소가 있다. 강직한 성품으로 역사에 정직불굴지사로 이름을 남긴 이들이다. 이들의 묘소를 찾았다.

마을에 들어가자 잎이 돋아나기 시작하는 나무사이로 금잔디에 덮여있는 봉분들이 야트막한 야산 곳곳에 봉긋이 솟아있다. 장동김씨 파조 김번(1479~1544)과 그 자손들의 무덤 군락이다. 김번은 원래 안동김씨로 선원과 청음은 그의 증손이다.

조선시대 왕에 버금가는 권력을 누린 이 집안의 과환科宦에는 정승부에 오른 이가 15명이다. 영의정 8명, 대제학 7명, 판서 35명, 문과급제 161명, 무과급제 134명으로 시호를 받은 이만 50여 명에 이른다. 세인의 관심이 파조의 묘 터에 솔리지 않을 수 없다.

김번이 묻힌 자리는 조선8대명당 중 하나로 옥호저수형의 마개에 해당하는 묘혈이라고 한다. 이런 소문 때문에 왕릉후보지로 여러 차례 거론되었으나 안동김씨의 힘이 워낙 막강하여 감히 넘보지 못했다는 곳이다. 묘 터에 얽힌 재미있는 이야기가 전해진다.

이곳은 김번의 처가 방앗간이 있던 자리였다고 한다. 어느 날 풍수에 능한 숙부 학조대사가 이곳에 왔다가 자손이 크게 발복할 명당이라고 질부에게만 알려주고 간다. 남편이 죽자 김번의 처는 어렵게 친정의 허락을 얻어 매장한다.

딸이 도둑이었다는 뜻인지 마을 이름이 적실(賊室, 도둑골)이던 것을 중년이후 이곳에 터를 잡은 청음이 지명을 석실로 바꾼 이래 현재 13대 종손이 종택을 지키며 살고 있다.

형제의 묘는 경기도 기념물99호와 100호로 나란히 지정되어있다.

선원은 병자호란이 일어나자 종묘의 신주를 받들고, 빈궁과 원손을 시종하여 강화도로 피난을 떠난다. 왕조시대 우의정의 본분이었으되 성이 함락되자 화약에 불을 지르고 자결한다. 남문 앞에 충절을 기리는 순절비가 있다.

묘소 외양은 여느 정승의 묘와 다를 바 없지만 시신을 수습하지 못해 원래부터 허장이었다. 순절 직전 허장이라도 하라며 입었던 옷을 벗어 주었다고 한다. 77세 노구로 청나라의 침략에 몸으로 항거한 분이다.

형이 강화로 갈 때 예조판서 김상헌은 인조를 호종하여 남한산성으로 들어가 항쟁한다. 시종일관 주화파 최명길과 강렬하게 맞섰던 인물이다. 끝내 자신이 옳다고 여기는 사상과 신념을 굽히지 않았지만 이길 수 없는 전쟁이었다.

수많은 부녀자와 왕자가 인질로 끌려갔고, 척화의 선봉에 섰던 삼학사는 잡혀간 즉시 참형되었다. 내정에 간섭하며 중신들도 끌려 간다. 청음은 명나라를 치는 전투에 파병을 반대했다는 이유로, 최명길은 명나라와 내통했다는 이유였다.

두 정적은 이국의 어둑한 관소에 6년 동안 함께 갇혀 있었다. 조선의 선비는 말 없이 종이에 시를 써서 주고받으며 치욕의 시간을 견딘다.

어느 날 청음이 '문득 백년의 의심을 푸노라'는 글을 건네며 마음의 빗장을 연다. 방법과 생각이 달랐을 뿐 나라를 생각하는 마음이 다르지 않았음을 안 것이다.

그러나 대쪽 같은 성격은 청淸과 대치하던 명나라가 망해 억류에서 풀려나 귀국길에 오를 때 다시 드러난다. 용골대가 황제가 있는 서쪽을 향해 고맙다는 절을 하라고 하자 최명길은 4배를, 김상헌은 최명길이 소매를 끌어도 무릎이 아프다는 핑계로 넘어지는 척 땅에 누워 버린다. 임금에게 직언을 서슴지 않다가 귀향과 복귀를 밥 먹듯이 했던 대쪽 같은 기개가 꺾일 리 없었다.

가노라 삼각산아 다시보자 한강수야
고국산천을 떠나고자 하랴마는
시절이 하수상하니 올동말동하여라

심양으로 끌려갈 때 복잡한 심사를 시로 남겼던 김상헌은 6년 후 석실로 돌아와 처첩과 아들, 손자 더불어 초가에 살며 노후를 보낸다.

언덕 아래 〈송백당유허비〉라고 새겨진 조촐한 석비가 있다. 송백당에 나아가 시문을 지으며 석실산인石室山人이라는 호를 썼다는 기록이 남아있다. 터가 넓지 않은 것으로 보아 정자도 소박하였으리라. 동시대 유일하게 청백리에 오를 만큼 검박하게 살았던 위인이었다. 83세에 사망, 영의정에 추서되었으며 조천록, 남사록, 청평록 등 40여 권의 저술을 남겼다.

아무리 봐도 석실에 있는 서있거나 누워있는 돌은 단순

한 돌이 아니다. 바위를 쪼개고 다듬어 글이 새겨지는 순간 그 뜻을 후세에 전해야하는 사명을 부여받았음이다. 유허비나 문인석, 취석이 그러하지만 돌이라도 세월에 이길 장사는 없다. 송시열이 지은 〈석실서원묘정비〉에도 검버섯이 피어 글자를 알아보기 어렵다.

후학들은 한강변에 이들을 기려 도산정사와 석실서원을 세워 배향한다. 많은 학자를 배출했던 서원은 대원군의 서원 철폐령으로 사라지고 지금은 그 자리에 묘정비만 남아있다.

덕소의 월문리月文里나 글개울 같은 범상치 않은 지명은 서원과 무관하지 않다. 달밤에 선비들의 글 읽는 소리가 낭자했던 고을이었음이다.

형제는 일생을 시비와 선악의 구별에 흔들림 없이 세상의 도리를 실천하기 위해 자신을 던졌던 분들이다. 고집스럽게 세도世道를 걷고자 했던 이들의 정신은 삶의 가치가 전도된 시대를 살아가는 우리에게 많은 것을 느끼게 한다.

선원과 청음. 난세에 나라의 운명을 내 운명으로 받아들였던 진정한 교목세신喬木世臣이었다.

철원 답사기

쇠도 녹일 만큼 무더운 팔월에 어쩌자고 나는 쇠의 벌판 철원에 온 것일까. 운천·연천·동두천·포천…… 철원으로 오는 길 동서좌우로 유난히 내 천川이 든 지명이 많다. 북으로 올라갈수록 하천의 물은 점점 맑아지고 숲은 깊어진다. 수정 같은 물에는 쉬리가, 머루 다래 익어가는 숲에는 요정이 살 것 같다. 민통선에 들어서자 숲을 둘러싸고 있는 가시철조망 곳곳에 빨간색 〈지뢰〉 표지가 붙어있다. 역삼각형 깃발이 바람에 흔들리는 모습은 숲의 요정이 혀를 낼름거리는 것처럼 느껴진다.

제2땅굴은 철원북방 13km지점 휴전선에 걸쳐있다. 묵직한 안전모를 쓰고 인간의 탐욕이 만들어낸 지하공간을 들어서는 마음도 무겁다. 북쪽에서 파내려온 흔적이 암반에 또렷이 있는데도 북한은 시종 아니라고 발뺌을 했었다. 높이 2m, 너비 2.1m 굴진 아치형이 터널로 1시간에 3만 명의 병력과 야포와 중화기까지 통과할 수 있다니 오싹해진다. 땅굴은 숲 속에 웅크리고 있는 지뢰처럼 6·25전쟁이 아직도 끝나지 않았음을 상기시킨다.

해방 후 남침을 위한 본거지로 삼았던 노동당사가 폐허 속에 남아있는 철원은 한국전 당시 중부전선의 전략적 요충지였다. 철원을 되찾지 못하고 휴전이 되자 김일성은 고지에서 평야를 내려다보고 통곡했다고 한다. 산악이 많아 감자나 옥수수 농사에 의존하고 있는 북한이 2억 평이 넘는 철원평야를 잃고 통분했던 마음을 짐작할 수 있다.

뜨거운 햇살을 받으며 들판에 벼이삭이 패기 시작한다. 여린 연둣빛 벼꽃이 대견스럽고 장엄하게 느껴진다. 철원평야를 차지하기 위해 백마고지에서, 삼천봉에서, 오성산에서, 저격능선에서 산화한 용사들의 혼이 벼꽃으로 피어나고 있음이다.

백마고지는 30여만 발의 포격으로 등고선이 낮아진 산등성이가 백말의 등처럼 보인다고 해서 붙여진 이름이다. '아이스크림고지'라는 달콤한 이름 속에도 포화로 인해 아이스크림처럼 녹아내렸던 삽슬봉의 아픔이 담겨있다.

백마고지전투는 1952년 10월 6일부터 열흘 간 스물네 차례 탈환과 재탈환을 거듭하며 피아간 1만 1,650명의 전사자를 낸 가장 치열하고 참혹했던 전장으로 기록된다. 경원선 철로와 주요 병참선인 3번 국도를 확보하고 철원평야를 차지하기 위해서였다. 국군 제9사단은 이 전투의 승리로 철의 삼각지대라 부르는 철원, 금화, 평강에서 전세를 유리하게 이끌었다.

평화전망대에서 망원경으로 비무장지대를 비롯한 이북의 평강고원과 선전마을, 피의 능선을 조망한다. DMZ에는 비무장지대라는 말이 무색하게 지뢰와 전차장애물, 중화기들이 빼곡하게 들어서있는 중무장지대나 다름없다.

새들이 끼룩거리며 창공을 날아간다. 평화도 없는 곳에 평화전망대라는 간판을 걸어놓은 인간들이 가소롭다고 조롱하는 소리처럼 들린다. 휴전 이후 풀과 나무들은 인적이 끊긴 풍천원 들판을 정원사처럼 잘도 가꾸었다. 우거진 숲속 낙원에서 철새들과 야생동물들이 태평성대를 구가하는 걸 전망대에서 울컥한 심사로 바라만 보고 있다. 언제 그들만의 낙원이 아닌, 남북한 모든 사람들의 낙원이 될까.

풍천원 들판에 태봉국의 도성 터가 희미하게 보인다. 미륵불의 출현을 꿈 꾼 궁예가 고구려 재건의 기치를 내걸고 14년 간 뜻을 펼쳤던 곳이다. 궁예가 내세운 평등세계가 사회주의 이념과 통하는 부분이 있다면 냉전의 산물인 DMZ

한가운데 도성이 걸쳐있는 건 절묘한 우연이다. 반세기 넘도록 성터 안에 누구도 발을 들여놓지 못하는 철옹성이다.

래프팅을 즐기는 젊은이들의 웃음소리가 넘치는 한탄강은 시대를 잘 타고난 사람들의 놀이터가 되어있다. 광복 후 자유를 찾아 건너려다 여울 앞에서 목숨을 잃기도 했던 강. 6·25전쟁 때 산화한 용사들의 거룩한 피가 흘러내렸고. 궁예가 왕건에게 쫓기며 탄식했다던 한 많은 한탄강이다.

철원은 오리산에서 분출한 용암이 빚어낸 지형과 지질학의 비밀을 곳곳에 품고 있다. 순하게 흘러내려 평강고원의 신비로운 스카이라인 빚었고, 강변에 고석암, 직탕폭포, 순담계곡 같은 빼어난 비경과 넓은 평야를 만든다. 문명의 꽃이라는 철의 산지로 시대를 불문한 인간의 욕망이 용암처럼 흐를 수밖에 없는 땅을 만든 것이다.

경원선 선로위에 '철마는 달리고 싶다'고 떼를 쓰는 기차의 잔해가 덩그마니 누워있다. 녹슨 철로, 녹슨 철마, 녹슨 지뢰…… 6·25전쟁은 쇠가 많아 '쇠둘레'라 했던 철원을 온통 녹이 슬게 만들었지만 도피안사의 철조비로자나불상은 녹슬지 않고 1,200년을 견뎌 왔다. 쇠둘레의 두터운 녹을 벗겨낼 답이 불상의 혜안에 있을까. 철원의 업이 소멸되는 날 나는 자연의 낙원인 풍천원으로 달려가리라.

출세기(出世記)

여행사를 통해 동생들과 북미대륙의 서부 밴쿠버에서 시작한 캐나다 여행은 재스퍼, 밴프, 캘거리를 거쳐 동부 토론토에서 7일 간의 일정을 마쳤다. 개척자들의 역사와 웅장한 로키산맥의 절경, 밤잠을 설치게 하던 나이아가라 폭포의 굉음까지 인간과 자연이 빚어내는 풍광은 경이로움 그 자체였다.

미지의 세계를 돌아보는 여행은 주부들의 로망이다. 일상에서 벗어나 차려주는 밥을 먹으며 명승지를 주유하는 호사를 일생에 며칠이나 누려볼 수 있을까.

이번 출세出世가 각별한 것은 여행사 일정을 끝내고 토론토에 사는 언니 집에 며칠 머물기로 한 때문이다. 40여 년 전 캐나다에 이주한 언니 가족을 만나고, 이침에 주마간산격인 단체여행의 아쉬움도 풀어볼 예정이다.

세상은 참 고르지도 못하다. 캐나다는 남한의 백배가 넘는 세계에서 두 번째로 넓은 면적에 인구는 삼천오백만 명도 안 된다. 우리가 쪼그리고 앉아 산다면 언니는 큰 대자로 누워 딩굴며 살아도 되는 넓은 땅이다. 그나마 1950년대부터 이민을 대거 받아들인 결과로 인종의 모자이크라는 표현이 어울릴 만큼 모습도 각양각색이다. 이들은 대부분 주택에 살며 자신의 정체성을 담은 정원과 텃밭을 가꾼다.

언니네 잔디정원에도 수형이 멋진 사과나무, 포도나무, 뽕나무가 있어 유실수도 가꾸기에 따라 훌륭한 정원수가 될 수 있음을 보여준다. 도시 전체가 공원 같은 느낌을 주는 것도 공공녹지와 넓은 개인 공간을 잘 가꾼 때문이지 싶다.

텃밭에 자라는 갖가지 채소들이 봄 햇살을 받아 윤기가 흐른다. 고향에서 보던 나무와 채소를 가꾸며 이민생활의 애환과 향수를 달랬으리라. 형부는 수목을 다듬는 정원사요, 텃밭을 가꾸는 농부로, 창고에서는 능숙한 목공수가 되어 필요한 것을 손수 만든다. 그중 압권은 언니가 발목을 다쳐 보행이 힘들 때 무료함을 달래주려고 만들었다는 그네와 정자亭子다. 오랜 공동주거생활로 우리네 남편들의 손재주는 꼬리뼈처럼 아예 퇴화해버린 게 아닌지 모르겠다.

우리는 수시로 그네와 정자에 나란히 앉아 제비처럼 짹짹거리다가 공원에 나가 산책을 하고, 다운타운의 이곳저곳을 돌아다녔다. CN타워에 올라 온타리오 호수 저편에 아련하게 보이는 국경너머 세상을 조망하며 열 살이 되도록 오십리 밖을 나가보지 못하고 자란 어린 시절을 떠올린다. 글로벌시대의 도래를 상상이나 했을까.

엄마는 자손들이 모여 기분이 좋을 때면 "참 값진 시간이지?"라는 말씀을 하셨다. 우리에게 주어진 이 황금 같은 시간의 유속은 폭포처럼 너무 빠른 게 문제였다.

로컬여행사를 통해 세인트로렌스 강을 따라가며 몬트리올과 퀘벡을 여행하는데 3일을 훌쩍 써버렸다. 아름다운 경관과 고풍스러운 프랑스 문화를 접하는데 그걸 아까워하다니 점점 시간에 인색해진다. 세계 담수의 20%를 가지고 있는 물 부자 나라답게 큰 강과 넓은 호수가 도처에 있다. 다만 지도에서는 그리 멀어 보이지 않던 곳들이 버스로 열 시간이 넘게 걸리기 다반사여서 대륙에 와있음을 실감한다.

퀘벡을 다녀온 후 장거리 여행에 겁을 내는 우리에게 형부는 세계 경제와 정치의 심장부를 언제 보겠느냐며 미국 여행을 보내준다. 3박 4일 동안 동부 7개 주와 뉴욕, 필라델피아, 워싱턴DC를 거쳐 돌아오는 여행은 넓은 세상을 만나는 또 한 번의 출세였다.

이카로스의 날개처럼 하늘을 향해 비상하는 빌딩 숲을 건

설한 인간은 얼마나 위대한가! 그 빌딩 숲에 갇혀 좀비처럼 살아가는 인간은 또 얼마나 나약한가!

그러나 도시를 벗어나면 대자연의 숲이 축복처럼 펼쳐진다. 세난도와 애팔래치아 산자락의 목가적인 풍경은 지나며 바라보는 것만으로도 마음이 편안해진다. 이곳에 현대 문명을 거부하고 자연에 순응하며 살아가는 아마시 마을이 있다. 마차를 운송 수단으로 쓰며 옛날 방식대로 농공산품을 만들어 자급자족하고 판매도 한다.

현대인에게는 민속박물관이나 다름 없지만 어릴 때 우리 부모님들이 살던 모습이기도 하다. 세상모르고 살던 그때가 그립지만 디딜방아로 마른 고추를 찧던 맵디매운 석기시대로 다시 돌아가고 싶지는 않다. 돌아가기에는 이미 너무 멀리 와버린 탓이다.

여행에서 돌아오던 날 언니는 파티를 열어주었다. 캐나다는 태평양과 대서양에 접해있어 해산물이 풍부하고, 축산업도 발달해 질 좋은 고기가 생산된다. 때마침 연안에서 바다가재가 잡히는 철이어서 제대로 맛을 보았다. 볕 바른 곳에 신주단지처럼 모셔놓은 언니네 장항아리를 보니 스테이크와 랍스타가 요리의 귀족이라 해도 맛의 유전자는 쉽사리 변하지 않는 모양이다. 저 구수한 장맛! 정작 장독대 놓을 공간을 잃어가는 우리 주거문화가 걱정이다.

귀국할 때가 가까워올수록 잠자는 시간도 아까워 밤이 늦도록 자매가 둘러앉아 이야기꽃을 피운다. 낯선 땅에 뿌리 내리기까지 겪은 우여곡절에 울다가 웃다가 마당에 나가니 달이 밝다. 어렸을 때 나는 언니가 먼 나라에 가서 살게 될 줄, 그리고 이렇게 잘 살줄 몰랐다. 언니가 자랑스러운 것은 물질적인 부富보다 마음이 더 부자인 점이다. 근면과 성실이 만고불변의 진리이며 마음이 여유로운 부자가 진짜 부자라는 걸 다시 배운다.

우리는 부모님으로부터 차례로 몸을 얻어 세상에 나왔다. 나의 의지와 상관 없이 출세한 것이다. 안내인의 설명에 의하면 나이아가라 폭포를 구경한 사람은 세계인구의 5%정도라고 한다. 출세한 보람이 있다.

수석동 석실에서

석실石室은 주변에 두 곳이나 있는 흔한 지명이다. 돌함이나 돌을 쌓아 만든 묘실을 뜻하지만 매우 견고함을 이르는 말이기도 하다.

덕소에 있는 석실은 김상헌, 김상용의 묘소가 있고, 한강변에 있는 수석동 석실은 두 분의 학식과 충절을 기려 후학들이 서원을 세워 배향했던 곳이다. 병자호란 때 대표적인 척화신이다.

〈석실서원〉은 1663년(현종 5) 〈석실사〉라는 편액을 하사받아 사액서원이 된 이래 서울경기지역의 학문연구 중심지로 걸출한 인물들을 많이 배출하였다. 진경산수화의 귀재인 겸재 정선도 이곳 출신으로 수석동 동쪽을 그린 〈석실서원도〉와 서쪽의 미음나루를 그린 〈삼주삼산각〉은 흔적 없이 사라진 옛 모습을 고증하고 있다.

나는 일부러 찾지 않으면 눈에 띄지도 않을 초라한 〈석실서원지〉라는 팻말을 보며 대원군에 대한 뜻 모를 원망을 한다. 1868년 서원철폐령을 내리며 안동김씨에 대한 적개심으로 석실서원을 가장 먼저 훼철시켰기 때문이다. 서원이 있었다면 얼마나 석실다웠을까 하는 아쉬움을 갖게 된다.

수석동은 삼국시대에는 한강을 낀 고지대여서 토미제(토성)를 둔 전략적 요충지였고, 한때 전국에서 구름같이 모여든 인재들을 교육하던 강학의 공간이었으며, 나루가 있는 교통의 요충지였다. 이즈음은 식도락가들이 찾는 요식과 관광의 요지가 되었다.

역사의 흔적들이 금권의 위력에 나날이 매몰되어가지만 석실 언덕에 조성되어있는 조말생 묘역은 한강을 마주보는 주변 풍경이 수려해 전망으로는 최고의 음택이다.

조말생은 왕을 최측근에서 보필한 대학자로 태종과 세종을 다룬 시대극에 빠지지 않고 등장하는 인물이다. 거치지 않은 관직이 없었고, 병조판서로 있을 때 이종무를 시켜 대마도를 정벌한 것으로 지금도 유명 인사다.

남양주시 향토유적 제8호로 지정된 그의 묘는 인간이 써내려온 약육강식의 역사가 힘이 지배하는 동물의 세계나 다름 없음을 보여준다.

원래 금곡에 있던 조말생 묘는 명성황후와 고종 사후에

묻힐 홍유릉으로 조성되며 이곳으로 옮겨왔다. 고종은 선대의 군신을 500년 잠에서 깨우게 된 것이 미안했던지 안동김씨의 석실서원 자리를 이장지로 내준 것이다.

권력의 무상함을 등에 업은 조말생 신도비는 있던 쪽을 바라보며 언덕아래에 놓여있다. 신도비는 고인의 생전 업적을 기록하여 묘 앞에 세우는 비석이다. 문제는 장수하며 남긴 행적이 너무 많아 그걸 돌에 새기다 보니 너무 커서 1938년 원목을 깔아 굴리면서 4개월 만에 금곡에서 한강변까지 옮겨왔지만 당시 기술로 묘역까지 올릴 수 없어 언덕아래 설치했던 것이다.

묘역을 왕릉처럼 잘 가꾼 조 씨 후손들은 사당에 명공선조 26위를 배향하고 음력 9월 16일 성대한 묘제를 지내고 있다. 안동김씨 후손들도 자극을 받아서인지 석실서원 복원을 꾸준히 관계요로에 건의하고 있다. 수석동과 석실을 사랑하는 나의 바람이기도 하다.

도도하게 흐르는 한강수가 힘겨루기 하 듯이 암반에 부딪쳐 돌아나가는 수석동 지형은 기실 물과 바위가 서로 얼싸안으며 오늘의 풍경을 빚어왔을 것이다. 사람살이도 등을 돌리는 것이 아니라 마주보고서야 아름다워진다는 것을 수석동 석실이 보여주고 있다.

삶에 물들이다

그리운 고향집 - 도랑

고향집 마당 옆으로 흐르는 도랑이 있었다.

약수터에서 내려오는 물은 겨울에 따뜻하고 여름에는 손이 시릴 만큼 차가웠다.

진달래꽃 한 아름 담가놓으면 꽃병이 되던 도랑, 어미가재가 새끼를 치는 수족관이었다. 땀 흘린 아버지가 등에 '물 한바가지 끼얹어라'하면 목욕소가 되고, 어머니의 방망이질 요란한 빨래터이자 우리가 물장구치며 놀던 놀이터였다.

물을 많이 쓰는 여름이면 도랑가로 부엌이 옮겨왔다. 도랑은 냉장고나 다름 없었다. 김칫독, 수박 등 뭐든지 담가두면 시원하게 보관할 수 있었다.

솥과 화로. 밥그릇 같은 소슬한 살림도구들이 밤나무 밑에 차려지고 푸성귀를 송송 썰어 찌개를 끓이는 엄마가 소꿉놀이하는 것처럼 보이는 풍경이 나는 좋았다.

생선 굽는 날이면 새들이 먼저 알고 나뭇가지에 진을 치던 그 아침, 호박잎에 노릇한 꽁치 한 마리씩 배급 받으면 세상 부러울 것이 없었다. 나무 밑에 멍석을 깔고 식구들이 둘러앉아 밥 먹는 여름은 날마다 소풍 같았다. 그리운 시절!

몸과 마음을 씻겨준 고향집 도랑은 세월이 흐르며 아버지처럼, 어머니처럼, 오빠처럼 우리들처럼 그렇게 변해갔다. 사라지고 망가지고 끝내는 갈 길 몰라 방황한다.

우리 다시는 그 도랑에 발을 담글 수 없으리.

소를 찾아서

정축, 소의 해다. 소는 농사를 지으며 살아온 우리 민족이 생구生口라 하여 식구같이 중히 여겨온 가축이다. 중농이던 우리 집 외양간에는 늘 두세 마리의 소가 있었다.

겨우내 마른풀이나 콩깍지로 소죽을 끓여 먹이다가 풀이 푸릇해지면 들에 풀어놓고 먹인다. 그 일이 아이들 몫이었다. 한가롭게 풀을 뜯는 모습은 얼핏 평화스러워 보이지만 덩치 큰 소와 천방지축인 송아지를 보살피는 일이 쉽지 않다. 논밭에 들어가고, 저희끼리 싸움질을 할 때도 있어 늘 따라다녀야 한다. 그러면서 흙에 뿌리 내리고 사는 식물이나 집 짓고 사는 동물, 곤충과 마주치는 사이 사람도 자연의 일부라는 걸 저절로 배운다.

늪에는 물의 요정이 밀어올린 듯 갈색 부들이 앙증맞게 피어 있었고, 소가 좋아하지도 않는 물봉숭아는 여름내 방죽이 비좁도록 무성했다. 그 풀숲에서 꿈에도 보고 싶지 않은 뱀을 만나면 나는 혼비백산, 뱀도 놀라 제풀에 달아났다.

들풀이 줄어들면 산에 소를 풀어 놓는다. 산에 풀어놨다가 소도둑이 훔쳐가서 아버지가 며칠 만에 북평 장에서 찾아온 적도 있다. 억새처럼 생긴 쇠풀은 소가 콩깍지만큼 맛있게 먹는 풀이다. 산등성이를 지나 저희들이 좋아하는 풀을 먹으며 이동해 가고 우리는 연장도 없이 도라지나 더덕의 뿌리를 헤집느라 손톱이 까맣게 된 줄도 모르고 그 흙손으로 다래나 개암을 따먹기도 했다.

한여름의 고단한 해가 서쪽으로 기울면 풀어 놓았던 소를 찾느라 마음이 바빠진다. 너무 멀리 가버려 설핏해진 방울소리에 귀를 모으면 많은 것을 품고 있는 산의 소리가 먼저 들렸다. 잎을 건들고 가는 바람소리, 온갖 산새들의 울음소리인지 웃음소리인지! 토끼도 오소리도 소리를 내었고 산이 움직이는 소리도 들리는 듯했다. 그 많은 소리를 걷어내고 쇠 풍경소리를 따라가면 나무사이로 우리 누렁소가 보였다.

송아지를 부르는 어미의 울음소리로도 우리 소를 척 가려내는 나는 하이디 같은 목동이었다. 나는 소 없는 집 친구의 자유가 부러웠고, 친구는 소 먹이러 가는 내가 부럽다며 따라와 같이 놀기도 했다.

좀 컸다 싶으면 또 다른 동생이 태어나 내 등에 업히 듯이 송아지도 얼마큼 크면 애기송아지가 태어났다. 좋은 일이었지만 나한테는 짐이 태어나는 것이었다. 끝없이 되풀이될 것 같은 목동에서 헤어나게 된 건 학교를 가기 위해 집을 떠나면서부터다. 송아지가 커서 어미가 되고, 돈이 되어 도시로 나가 차례로 공부할 수 있는 자금이 되었다.

그러나 아버지와 목동과 소가 엮어내던 화음 좋던 트리오는 계축년까지였다. 탄탄했던 삼각구도의 기둥이었던 아버지가 돌아가셨기 때문이다. 갑자기 찾아온 이별에도 우리는 소처럼 인내했다. 구유가 걸려있던 외양간은 지금은 집을 내어 지은 후 마당이 되어 그 자리에 소가 살았다는 걸 우리나 알 뿐이다.

"음-매애애애애……"

유년기를 얽매었던 애잔한 송아지 울음소리가 기억에 선명하다. 그 소리와 함께 칠문짜리 고무신발자국이 고루 찍혀있을 고향 산야가 그리워 질 때가 있다. 논밭을 갈거나 한가롭게 풀을 뜯던 소는 기계농이 된 농촌에서 사라져 버린지 오래다. 푸근하던 쇠풍경소리, 긴 소 울음에 어우러지던 목동들의 함성이 환청처럼 들리는 휑한 들판에서 잃어버린 소를 찾는다.

(1998년)

둥지에서 음악을

집에 있는 라디오는 모두 음악방송 채널에 고정되어 있다. 부엌, 거실, 침실 어디에서 들어도 좋다.

LP, TAPE, CD, DVD시대를 차례로 지나왔다. 달빛이 환한 날은 월광을, 비오는 날은 빗방울전주곡을 골라 듣던 낭만 시대도 있었다. 라디오에 재미를 들이게 된 건 예기치 않은 음악이 흘러나올 때 그 음악에 얽힌 추억이 생각나기 때문이다.

쇼팽의 즉흥환상곡이 흘러나오면 옛 친구 Y가 내 집에 찾아온 듯 반갑고, 라흐마니노프 피아노협주곡2번을 들으면 청춘의 시절로 되돌아간 듯 아련해진다.

음악도서관이 가까이 있는 것도 좋다. 5.1채널 음향시설로 거장들의 음악을 접할 수 있는 모닝콘서트는 내 음악의 지평을 넓혀준다. 연주회에나 음악관련 강의가 수시로 열리는 곳이다.

가끔 남편과 헤이리에 있는 황인용의 음악카페 카메라타(둥지)를 찾아도 좋다. 천정으로 자작나무가 보이는 자리에 앉은 날 소나기나 함박눈이 내린다면 운치 로또에 맞은 기분이 들 것이다. 오늘은 멘델스존의 바이올린협주곡을 청해 들었다. 딸의 태교음악이어서 친숙한 음악이다. 듣고 싶은 음악을 신청해 듣는 재미, 둥지처럼 아늑한 공간에서 차를 마시며 음악을 기다리는 재미를 빼놓을 수 없다.

젊은 사람들이 많이 오는 곳에 백발 부부가 오는 것이 드문지 왕년의 DJ가 다가와 친근한 목소리로 인사를 건네기도 한다. 평생 음악과 함께하니 행복하겠다고 하자 좋아하는 것도 일이 되면 힘이 든다고 소탈하게 웃는다. 그 말이 빈둥거리며 사는 우리에게 음악처럼 위안이 되니 얄궂은 심사다. 새소리, 바람소리, 봇도랑에 물이 흘러가는 소리…… 귀 기울여 들으면 모두 음악이다. 돌아오는 길에 들리는 새소리, 바람소리……

워리의 추억

비가 추적추적 내리는 날, 십분 후 도착하는 덕구온천 행 버스를 기다리고 있다. 언니와 동생들과 온천여행 중 어시장을 구경하러 나왔다가 들어가는 중이다.

십 분의 망중한 속에 골목을 기웃거리는 개 한 마리가 눈에 들어온다. 입구에서 골목 안쪽을 유심히 살피다가 다음 골목으로 가서 또 하는 모양새가 집을 찾는지, 집 나간 새끼를 찾는지 비를 맞으며 저러고 있다.

대문 밖은 정글이다. 자동차 매연 때문에 영역표시도 무용지물이고, 교통사고로 로드 킬을 당할 수도 있다. 개장수한테 걸리면 무사하지 못할 텐데 문득 어릴 때 우리 집에 있던 워리 생각이 난다.

내 일생에 개는 오직 워리 뿐이다. 누가 '개 같은 놈'이라고 말하면 워리에 대한 모독이니 개만도 못한 놈이라 해주면 좋겠다.

개를 자식처럼 기르는 반려견이 대세다. 두 마리 반려견과 사는 명숙 씨는 여행도 포기하며 꼬질한 냄새까지 사랑하는 개의 노예로 자처한다. 한 마리가 외로울까봐 두 마리를 기른다고 한다.

내 논에 물들어가는 것, 자식 입에 밥 들어가는 게 제일 보기 좋다는 옛 사람들 말은 이제 옛날 얘기다. 시간 맞춰 운동시키고, 이발 시키는 건 기본. 개가 맛있게 먹는 거 보면 행복하단다. 동물병원은 보아왔지만 얼마 전 봉담을 지나다가 개 치과 간판이 걸려있는 것도 보았다. 세상이 개판이 되어간다.

나는 개를 싫어하는 나의 반려 때문에 반려견은 키울 엄두도 못 낸다. 어렸을 때 개한테 물린 트라우마 때문에 개는 무조건 싫단다. 한두 번 안 물린 사람이 있으랴만 광견병 예방 주사를 맞는 과정이 끔찍하긴 하다.

나도 집안에서 기르는 건 극복해야할 여러 문제들 때문에 엄두가 나지 않지만 마당 있는 집이라면 꼭 워리 같은 개와 살고 싶다.

워리는 예의 바르고 다정다감하고 제 본분에 충실한 개였다. 마당에서 밥을 먹던 여름에 밥상을 기웃거리는 법이 없었다. 생선을 구울 때도 제 몫은 대가리와 뼈 밖에 없다는 걸

아는지 느긋하게 기다릴 줄 알았으며 동생들이 큰일을 벌여 놓으면 달려와 똥개답게 깔끔하게 처리했다. 우리는 워리를 믿고 깊은 잠을 잘 수 있었다.

단지 다정다감하고 외로움을 많이 타는 이놈의 성격이 문제였다. 마당에 혼자 있는 밤이 심심했던지 우리가 방에서 얘기하면 문 밖에 앉아 참견하듯 끙끙거리기도 했다는 말이다.

이놈이 어느 날 학교까지 따라와 속을 태운 적이 있다. 동구 밖까지거나 장강까지 왔다가 되돌아가는데 그날은 무슨 맘에선지 집에 가라고 아무리 쫓아도 막무가내였다. 큰 하천을 지나고, 돌다리를 건너뛰어 시가지와 교문을 거쳐 교실 앞까지 쫄랑거리며 따라오는 거였다. 공부하고 싶다고 떼를 쓰는 것 같았다.

일 교시가 끝나고 나가보니 워리는 보이지 않았다. 그날은 Worry라는 제 이름값을 하기로 작정한 듯 종일 '걱정'하게 만들었다.

가끔 장강에서 개털 태우는 메스꺼운 냄새가 날 때가 있었다. 복날이 가까우면 더 자주 나서 그런 날은 코를 막고 자갈밭을 지나기도 했다. '이 노무 새끼'가 혼자 집까지 무사히 갔을지 걱정이 되어 공부도 머리에 들어오지 않았다.

숙제와 씨름하고 있을 때 늘어져있는 워리를 보며 개 팔자가 상팔자로구나 했는데 지 놈도 하고 싶고, 가고 싶은 데가 있었나 보았다. 학교까지 온 워리가 서당개였으면 삼년 안에 풍월을 읊었을지도 모른다. 그날 학교를 파하고 어딘가에서 돌아다니고 있을지 모를 워리를 찾아 골목을 기웃거리던 내가 지금 저 개꼴이었을 것이다.

> 마을 입구에 이르렀을 때 쏜살같이 달려오던 워리!
> 펄쩍펄쩍 뛰어올라 얼굴에 입을 맞추던 워리!
> 옷이 더러워지거나 말거나 겅중겅중 뛰어올라
> 가슴에 안기던 워리!

그날의 워리를 생각하면 나는 열 살로 돌아가고는 한다. 그때 나를 워리 만큼 좋아하고 관심을 가져준 사람도 없었을 것 같다. 어른들은 늘 바쁘셨고 동생들은 사촌까지 다섯 명이나 되어 내 존재가 희미한 낮달 같은 존재였기 때문이다.

다음 생에는 영리한 간으로 환생했기를, 개로 태어났으면 명숙 씨 같은 마음 좋은 주인 만나 사랑 받기를. 안녕 워리.

쓸모 있다는 것은

오가다가 마음에 드는 돌이 눈에 띄면 무거워도 주어온다. 오이 반접을 누를 만한 것부터 피클이나 깻잎, 메모지를 누르기에 좋은 조약돌까지 각양각색이다. 그중에는 지중해 바닷가에서 주어온 돌도 있다. 요렇게 다듬어지기까지 얼마나 많은 시간의 풍파를 견뎌냈을까.

어릴 때 놀던 고향 냇가에서 주어온 납작하고 큰 돌은 허리나 어깨가 아플 때 데워서 매트에 깔고 누워있으면 금방 식지도 않아 물리치료 효과도 톡톡히 볼 수 있다. 소 먹이러 다닐 때 장광에 소를 풀어놓은 후 돌을 깔아 방을 만들며 놀던 추억이 그리워지기도 하는 것이다.

공깃돌이나 사방치기, 물수제비를 뜨는 돌은 모양이 달라야한다. 공깃돌은 작고 동글동글. 사방치기 하는 돌은 납작하고, 물수제비를 뜨려면 작고도 납작한 게 제격이다. 그래서 돌밭을 기웃거리고 예쁜 돌을 보면 그냥 지나치지 못한다.

카프리 섬 선착장에서 배를 기다리는 동안 내 눈앞에 보석들이 지천으로 널려있었다.

그곳에서 주어온 예쁘고 앙증맞은 공깃돌 다섯 개를 가끔 꺼내보며 60년 전 초등학교 운동장에 묻어놓았던 공깃돌을 생각한다.

수업종이 울리면 구덩이 속에 쓸어 넣은 후 흙으로 덮어놓고 교실로 뛰어가고는 했었다. 돌을 튕겨 〈땅 따먹기〉도 했던 나의 석기시대 유물들이 운동장 어딘가에 지금도 묻혀있을 것이다.

그때 돌 한 개 더 따려고, 땅 한 뼘 더 차지하려고 애면글면하다가 땡땡땡…… 조종이 울리면 공깃돌 하나도 들고 갈 수 없는 삶의 비의를 알았어야 했다. 발끝에 차이는 흔한 돌이라고 가벼이 여길 일이 아니다. 세상에 쓸모 없는 것이란 없다.

그들이 사는 세상이 따뜻하기를

저녁 무렵 놀이터 근처에서 예닐곱 살 가량의 남자아이를 만났다. 아이는 자전거를 타고 주변을 두리번거리더니 내게 다가와 612동이 어디냐고 묻는다.

그런 동은 우리 아파트에 없다. 장미색 벽돌로 지어졌고, 지붕에는 비둘기들이 앉아있는 아름다운 집이 어디냐고, 행성B-612를 아느냐 묻지 않는 것이 다행이다. 나는 후문에서 그쪽으로 가는 지름길을 알려주었지만 아이는 어둑한 길을 보더니 머뭇거리며 "데려다 주세요!"라고 조심스레 말한다.

내가 선뜻 그러마고 하자 아이의 표정은 샛별처럼 밝아졌다. 천상 어린왕자의 현신이다. 코끼리를 삼킨 보아뱀을 그려달라는 것도 아닌데다 나는 걷던 참이었고, 세상 아이들은 모두 사랑스럽다. 도랑치는 중인데 가재 한 마리 잡아달라는 걸 어찌 마다하랴. 아이는 신이 나서 앞서 나갔다. 가다가 힐끗 돌아보며 뒤따라오는지 확인하고 멀어졌다 싶으면 멈춰 섰다가 다시 페달을 밟는다. 나는 빨리 집에 가고 싶은 아이가 내 걸음이 늦어 조급해하는 줄 알고 조금 빠르게 걷기 시작했다. 뒤따라가다가 쫓아가는 꼴이 되었다.

"할머니! 운동 나왔어요?"

그렇다. 길눈은 어두워도 운동 중인 할머니라는 걸 알아보는 아이 눈이 밝다. 그런데 하는 양이 이상하다. 내가 한 발 다가서면 한 발 멀어지는 아이. 일정한 거리를 의도적으로 유지하며 모르는 사람을 경계하라는 매뉴얼에 충실히 따르고 있는 듯하다. 믿고 싶지 않지만 나는 유괴범으로 오해받고 있는지도 모른다. 과유불급!

부디 나의 오해이기를 바라면서 마음은 또래인 외손들 언저리를 맴돈다. 나도 그런 학습을 시킨 적이 여러 번 있다. 나의 로맨스는 덮어두고 남의 스캔들만 들추려는가. 공연한 상상일 거라고 애써 평상심을 되찾을 즈음 아이는 이제 뒤돌아볼 필요도 없다는 듯 자전거 페달을 재게 밟기 시작했다. 그리고 얼마 후 보아뱀의 입속 같은 벽 안으로 빨려들 듯 사라졌다. 나는 흐릿한 조명에 비친 612라는 숫자를 보며 아이가 제 별에 안착한 것에 안도하면서도 잘 가라는 인사도 나누지 못하고 헤어진 것이 못내 씁쓸하다.

그들이 살아갈 세상이 따뜻하기를.

나는 에너지다

나날이 더워지고 있다. 가끔 바람 불어 시원한 날도 있겠지만 여름은 무더위를 견딜 각오를 해야 한다. 버스와 전철을 탔을 때 에어컨에서 나오는 강한 냉기를 잘 견뎌내야 하는 계절이기도 하다. 온대성 기후에서 아열대성 기후로 바뀌어 계절이 사라졌다고 하지만 봄과 가을은 호시절이라 금방 지나가는 것처럼 느낄 뿐 겨울은 여전히 춥고 여름은 무덥다.

독일에서 돌아오던 날도 무척 더웠다. 공항에서 대중교통을 이용해 집에 오는 동안 냉탕과 온탕을 오가는 곤혹을 겪었다. 겨울과 여름 사이에 봄과 가을이라는 완충 계절이 있음이 얼마나 고마운지 새삼 느낀다.

독일에는 비가 자주 내려 우산을 가지고 다녔지만 바람이 불면 무용지물, 오죽하면 변덕스럽고 예측 불가능한 사람을 빗대어 독일 날씨 같다고 할까. 부퍼탈에 사는 후배 집에 머물 때 기상 관측이래 최고 기록이라는 더위가 찾아왔다.

그날 우리는 레일에 매달려가는 슈베베 반을 타고 근교에 나갔더랬다. 그러다 심상치 않은 고온에 놀라 나다니는 걸 포기하고 하천에 발을 담그고 열기를 식히며 보냈다. 그 와중에 반그늘이 진 잔디밭에 누워 몸을 굽기로 작정한 듯 보이는 사람들도 있었다. 더위를 태양이 주는 선물로 여기는 사람들이라고 한다. 볕에 그을릴까봐 운동할 때조차 부르카에 버금갈 만큼 싸매고 다니는 걸 보며 살아온지라 어느 쪽이 더 이상한지 종잡을 수 없었다.

이 정도 기온이니 버스나 전철을 타면 시원하겠지 했던 기대도 여지 없이 빗나갔다. 쾰른에서 큰 창문이 서향으로 나있어 찜통같이 더운 내 숙소에도 당연하다는 듯 에어컨이 없었다. 때마침 퀴어 축제가 열려 밤새도록 웅성거리는 소리에 창문도 열지 못한 채 더운 맛을 호되게 보았다.

이튿날 프런트에 내려가 방을 바꿔달라고 했더니 작은 선풍기와 사려던 500리터짜리 물 두 병을 공짜로 주며 오늘 밤도 시끄럽게 하면 말리겠다고 허풍을 떤다. 미안해하는 모습이 애교스럽기조차 하여 속아주는 척 물러나왔지만 짐작한 대로였다. 전야제라 수 많은 인파가 골목을 점령하고 밤을 새우는 동안 작은 선풍기 바람에 감지덕지하며 경제대국 독일의 일면을 오롯이 체득했다.

기계 산업이 발달해 세계적인 기업을 많이 가진 나라, 그래도 대중교통수단과 숙박 시설에 냉방기를 설치하지 않는 나라이다. 그리 덥지도 않은 며칠 동안 쓰자고 일 년 내내 달아둘 필요가 있느냐는 논리다. 어쩌다 올해처럼 기온이 체온보다 더 높아 뉴스가 되기도 하지만 그런들 어쩌겠냐는 표정이다. 친구는 태극문양이 든 부채로 바람을 만들어 주며 '이런 더위쯤이야'하며 시종 씩씩하다. 40년 살더니 독일 사람 다 됐다. 좋은 자동차를 운전하면서도 여간해서 에어컨을 켜지 않는다.

내가 경험한 것 중 가장 독일다운 것이 Laeisz빌딩에 있는 놀이기구 같은 파터노스터였다. 1864년 등장한 엘리베이터의 원형으로 사용 중인 것이 거의 없어 함부르크에서 명물이 되어있다. 문이 없어 위험해 보이기는 해도 약간의 순발력과 타고내리는 타이밍만 맞추면 스릴 만점이다. 상·하행이 연결된 궤도를 따라 돌기만 하는 100년도 넘은 단순하기 짝이 없는 이런 승강기가 변호사 사무실이 있는 빌딩에서 여전히 사용되고 있다.

독일은 2022년까지 원전을 전면 폐기한다. 후쿠시마 사태를 보면서 내린 결정이라고 한다. 개인주택의 지붕과 농경지에 검정 발을 이어놓아 인삼밭처럼 보이는 것도 태양열

집열판이다. 내 소견으로 풍력발전기는 바람이 돌린다지만 비가 자주 오는 날씨에 태양열을 제대로 모을 수 있을지 의문이다. 다만 확실한 건 대다수 국민들이 비싸지는 전기요금을 받아들이고 에너지를 더 아껴 쓸 마음의 준비를 하고 있는 거다. 처음에 나도 밥이 입으로 들어가는지 코로 들어가는지 모를 만큼 낮은 조명에 답답한 느낌이 들기도 했다.

이즈음 나는 선뜻 에어컨을 켜지 못하는 병통이 생겼다. 더울 때 쓰려고 장만했던 게 아니냐며 대수롭지 않게 여기지만 알다시피 전기가 만들어지는 과정이 단순하지 않다. 원자력발전소가 안전하다는 홍보견학을 다녀온 후 나는 더 소심해졌다. 절전은 뒷전인 채 내 뒷전에 발전소 짓는 것만 결사반대하는 세태이다 보니 안전홍보라는 것이 궁여지책으로 보이기 때문이다.

이번 여름에도 여전히 긴소매 옷을 입고 전철에서 어깨를 움츠리는 사람들을 본다. 대놓고 불평하는 사람도 있지만 짧은 옷을 입은 여성들은 내색도 못하고 떤다. 혹시 모를 자연재해의 두려움에 떨어야하는데 과도한 냉방 때문에 떨다니 이래저래 소름이 돋는다. 영유아나 노약자, 여성들은 생리적으로 추위를 더 많이 탄다고 한다. 에너지에 대해 진지하게 생각해 보자. 자원과 미래를 생각하는 자. 그가 바로 에너지다.

삶에 물들이다

삼척 하장면 갈전리 일대는 한때 우리나라 대마 주산지였다. 남씨 집성촌이 있던 곳으로 내 뿌리도 그곳에 닿아있다. 외조부는 태백산맥 속 하늘만 보이는 오지였지만 몇 대에 걸쳐 대마농사로 가세가 윤택한 6대 장손에게 밥은 굶지 않겠다며 막내딸을 시집보낸다.

해발 900m 넘는 고지를 신부가 어떻게 넘었을까. 혼례 전날 온 가마꾼 네 명이 새벽밥을 먹고 출발, 두 명이 교대하며 백봉령嶺을 넘어 해지기 전에 갈전에 도착했다고 한다. 가마꾼도 힘들었겠지만 중심을 잡기 위해 안간 힘을 썼을 새색시 모습이 그려진다. 동네혼사여서 가마꾼들이 동구 밖까지 빙 돌아서 시집오신 숙모님과 대비되는 출발이다.

그로부터 10년 후 엄마는 자식들 공부시킨다며 삼밭을 일가에 위탁한 후 외가가 있는 동해안으로 이사했다. 할아버지도 며느리의 대찬 제안에 수긍해 집성촌을 떠나오셨다.

이후 해마다 삼농사가 끝날 무렵이면 중개상에게 삼을 넘기기 위해 엄마는 험준한 령을 오르내렸다.

어느 해 엄마를 따라갔다가 식겁을 했다. 올라갈 때도 힘들었지만 내려올 때는 더 힘들었다. 다리가 후들거려서 주저앉을 것 같은데 삼단을 머리에 인 엄마는 그 험한 산길을 잘도 내려오셨다. 어두워지자 산새가 푸드득 거리고 숲속에서 짐승이 나올 것 같아 머리끝이 쭈뼛거렸다. 어린 딸을 길동무로 데려가는 엄마 마음이 헤아려졌지만 다시는 따라가고 싶지 않았다. 해마다 그렇게 이고 온 삼으로 겨우내 삼을 삼아 베틀에 올렸다.

> 시집갈 때 엄마가 세삼 한 필 넣어주셨다.
> 그 삼베 한 뼘 잘라서 물을 들였다.
> 삼밭 일군 할아버지들,
> 삼을 품어 기른 대지, 태양, 바람, 비,
> 부모님의 땀과 정성에 고운 물을 들였다.

며느리의 초상

우리나라에는 자생종과 외래종을 합쳐 6,000여 종의 식물이 있다. 목본류木本類가 3할, 7할쯤은 한두 해살이다. 이 초목들에게 누군가 이름을 지어 주었다. 이름 모르는 초목은 있을지언정 이름 없는 식물은 없다.

나리, 앵초, 마타리는 꽃도 예쁘고 이름에서 신비감이 느껴진다. 새싹이 돋을 때부터 늙은 할미꽃과 노인장대. 예쁘지 않아도 사랑스러움이 느껴지는 아기똥풀, 처녀치마다.

아기들 똥을 꽃에 비유하고 처녀에 치마를 입히면서 왜 며느리만 되면 구박하는가.

며느리밥풀은 시어머니에게 구박받던 며느리가 죽어서 무덤가에 꽃으로 피어났다는 전설을 가진 풀이다. 생김새부터 초라하고 볼품이 없다. 작은 꽃 속에 밥알처럼 생긴 하얀 꽃술 두 개가 삐죽 나온 고것이 며느리를 죽게 한 밥풀인가 보다. 밥을 푸다가 흐른 밥알 두 개를 주어먹었다고 죽을 만큼 구박했다니 말이다.

하백초河白草의 이름을 시비하고자 한다. 이 풀을 말할 때 '사광이풀'이라 하던지 점잖은 사람은 화제에서 물러나 있는 것이 좋다. 나는 희한한 그 풀이름이 먼저인지, 시아버지가 변소 옆에 심어놓고 며느리에게만 사용하라 했다는 숨은 이야기가 먼저인지 궁금하다. 뻣뻣한 줄기와 잎자루에 촘촘하게 난 가시가 보기만 해도 소름이 돋을 풀이다. 가냘픈 연홍색 꽃으로 벌을 불러들이는 밀원에서부터 약용, 식용, 퇴비, 사료용으로 두루 쓰여 밑씻개 용도를 제외한 풀이할 수 있는 모든 역할을 기꺼이 한다. 어디에서도 잘 자라고, 옮겨 심어도 뿌리를 내리는 것에서 며느리의 특성을 닮은 풀이다. 그러나 별스러운 이름 외에는 크게 주목 받지 못하는 잡초에 불과하다. 제대로 대접받지 못했던 옛날 며느리들 신세가 하백초와 다를 게 없었다.

며느리 시집살이 가시밭길이었다면 사위는 씨암탉을 잡아 대접받으며 사랑받았다. 처가의 농사일을 도와주러오면 줄기가 굵어도 잘 끊어지는 사위질빵덩굴로 만든 지게를 주며 질빵 끈이 끊어지니 조금씩 지라고 당부한데서 유래한 이름이라 한다.

이제 세상의 풍속도가 며느리풀이나 사위질빵의 용도를

잊을 만큼 변했다. 달라진 세상을 의식해서인지 새로 나온 식물서植物書에는 며느리밑씻개라는 이름이 있던 자리에 며느리배꼽이라는 이름이 올라 있다. 풀의 모양은 비슷하지만 꽃과 열매의 색갈이 달라 사촌쯤으로 볼 수 있는 풀이다.

사라진다 해도 아쉬울 것 없는 풀이름에서 며느리의 초상을 본다. 연약한 풀꽃 속에 우리들의 예전 모습이 가시처럼 박혀 있다. 그 설움에 겨워 제 몸을 상처내기도 했을 가시 돋은 풀. 이 풀을 하백초라 하고, 사광이풀이라고도 하고, 며느리배꼽이라 부르는 것은 며느리의 역할이 이름 하나로 감당해 낼 자리가 아닌 까닭에서인지도 모른다.

유독 며느리에게 인색했던 세월을 잘도 견디어 왔다.

사람과 초목의 언어가 다르다고 어찌 마음의 눈이 볼 수 없는 것이 있으랴. 바람이 불 때 잎이 팔랑거리며 서로의 이름을 부르는 것 같다. 아픈 이름을 이젠 잊어주고 예쁜 이름으로 불러주자.

날개

이제 막 잠에서 깨어난다. 내 의식은 격납고에서 나온 비행선처럼 활주로를 찾아 굼벵이처럼 기어 다닌다. 언제부터 기어 다녔는지 모르겠다. 황새 같지는 않았지만 꽤 길쭉하고 날렵한 다리가 있었다. 사용하지 않는 기능은 퇴화하는지 걷는 것은 고사하고 서는 것에도 자신이 없다.

새들처럼 날았던 기억도 어렴풋이 난다. 날개가 달려있던 어깻죽지 근처가 뻐근하다. 오십견 징조가 나타나는 것으로 보아 이곳에서 산 지 꽤 오래 되었나보다.

나는 옥황상제의 딸이었다는 생각을 할 때도 있다. 두레박을 타고 내려왔는지, 날개옷을 입고 내려왔는지, 쫓겨 왔는지, 목욕하러 왔는지 전생의 기억은 지워지고 꿈속에서 그런 기억들을 유추할 뿐이다. 가끔 날아다니는 꿈을 꾸지만 번번이 추락한다. 프로이드는 같은 꿈을 반복해 꾸는 건 욕구불만으로 분석한다.

재잘거리는 새소리가 들린다. 새들은 해가 지면 기특하리만큼 정숙해지는 대신 이른 아침부터 수다를 떤다. 천상의 소리만 들리던 귀에 지상의 소음이 섞이기 시작한다. 자동차에 시동 거는 소리, 쓰레기 수거차의 기계음이다.

그때 내 룸메이트가 일어나 거실로 나간다. 내가 한동안 몽상한 다음 일어나는 백수형인 데 비해 그는 기상나팔이 분 것처럼 벌떡 일어나 나가는 병영兵營형이다.

내 룸메이트는 세월에 떠밀려 있다. 예전 같으면 출근을 서두르고 있을 시간이다. 사는 건 전쟁이라고, 실체도 없는 적을 향해 공포를 쏘며 내달리던 긴장의 시간들도 끝나 이제 긴긴 휴식이란다. 훈장도 없는 빈 가슴이 가을 들판처럼 쓸쓸해 보인다. 그의 청춘과 땀과 야망과 애환이 감사패 하나로 남아졌다. 인생의 무게처럼 무겁고도 어두운 그 오석烏石덩이가 그가 전사였던 흔적이다.

의기양양하게 흔들던 깃발도 내려지고, 어느 날 지치고 풀 죽은 모습으로 그는 나의 방으로 돌아왔다. 누군가 직업을 물었을 때 과거형 시제를 사용해야 하는 것에 주눅이 들 때도 있다. 그의 무장해제가 나의 몽상 시간을 터무니 없이 늘려 놓았다. 할 일이 오로지 몽상 뿐이라는 듯 나는 이런저런 생각으로 뒤척인다.

늘 시간이 문제였다. 시간만 있어봐라, 유럽이 문제야? 그땐 세계 일주를 하자. 룸비니 동산에서 도를 닦던지, 사해에서 낚시를 하던지. 왜 이렇게 피곤하냐. 방콕이다.

그는 방에 콕 처박히며 언제나 시간 타령을 했다. 우리는 서로 '나중에 보자'는 것에 대한 동상이몽을 하고 있었다. 그가 무엇이든 뒤로 미루자는 것에 나는 얼마나 많은 진력을 내었던가. 우리가 함께 할 시간들이 무지개처럼 알록달록하지는 않더라도 무료함이나 권태란 없을 것이라 여겼다. 그는 내가 마음껏 뛰놀아도 될 나의 방房임을 자처하지 않았나. 날마다 전쟁이었다는 그에게 온전히 놀이터를 보장 받을 수 없었음에도 나는 도무지 철이 들지 않았다.

누구나 쫓겨난 기억이 있다. 나는 어머니의 자궁에서 세상 밖으로, 미성년자 관람불가라는 극장에서, 하물며 옥황상제에게 쫓겨났다고 믿는 내가 그의 방에서 쫓겨나는 것쯤이야 대수롭지도 않다. 그런 일로 우리는 수 많은 밤을 등 돌리고 잤다.

이제 숱한 문제를 야기했던 시간의 홍수 속에 휘말려 익사할 지경에 이르렀다. 나는 풍성한 재료를 앞에 놓고 어떤 걸 만들지 궁리했던 것처럼 주체할 수 없는 시간을 도마 위에 올려놓고 고심하다가 이내 실망하고 만다. 신선도가 떨어진

재료로 똑같은 요리를 반복한다는 것이 얼마나 재미없는 일인가를 아는 데는 그리 오래 걸리지 않았다. 나는 입맛을 잃었고, 조금씩 야위어갔다. 기대했던 여행도 그저 그랬다.

나는 차츰 젊은 날의 물 좋은 시간들을 그리워하기 시작한다. 함부로 낭비했던 시간들에 대한 후회였다. 분수 없는 열정 때문에 태우기도 하고 부주의로 인해 쏟아버렸던 무수한 미망의 시간들. 사랑이라고 여겼던 것들이 속박이나 집착은 아니었는지. 새삼스레 내 룸메이트의 피곤해 하던 얼굴이 떠오른다.

오래 그에게 기대어 왔다. 기대기만 했던 것이 아니라 등나무처럼 휘감으며 살아온 것이다. 날개옷을 숨긴 원죄를 은근히 추궁하며 천상으로의 비상을 꿈꾸어 왔을지도 모른다. 등나무는 등나무의 법칙을 안다. 서서히 힘을 잃어가는 지주支柱를 지탱해 주는 것이 그 지주에 기대어 살아왔던 등나무의 역할임을. 그런데도 나는 여전히 활주로를 찾는 꿈을 꾼다.

(2000년)

고마워요 당신

사랑의 유효기간

시나 소설의 모티브로 가장 많이 쓰인 것이 사랑이라고 한다. 사랑만큼 사랑스러운 단어가 또 있을까. 모든 생명체가 태어나고, 성장하고, 살아가는 원동력이 바로 사랑일 듯하다.

사랑이란 두 글자는 쓸쓸하고 화려하고, 사랑이란 두 글자는 슬프고 행복하고…… 인간이 지닌 품성이 모두 사랑으로 변환될 수 있음을 보여주는 노랫말이다. 상황에 따라 천의 얼굴, 만의 해석을 내릴 수 있는 사랑의 정체는 과연 무엇일까.

문득 아들이 군에 입대하던 그해 겨울이 떠오른다. 마음이 스산했던 탓에 체감온도계가 오작동을 일으켰는지 춥기 그지 없던 나날이었다.

나는 아들이 스무 살이 지난 성인이라는 걸 잊어버리고 외투도 입히지 않은 아기를 바깥에 내보낸 것처럼 연일 조바심이 났다. 입고 갔던 옷가지를 담은 소포를 받던 순간을 떠올리면 지금도 가슴이 먹먹해진다. 군 복무가 남자들의 통과의례라면 아들을 군에 보낸 어미들의 가슴앓이도 통과의례인 모양이었다.

눈이 펑펑 쏟아지는 날, 입대한 지 보름 만에 아들이 보낸 첫 편지를 받았다. 눈[雪] 때문인지 눈물 때문인지 편지는 안팎이 젖어있었다. 훈련소에서 쓴 편지는 얼마나 정성을 쏟았는지 평소 악필의 흔적은 찾아볼 수 없었다.

"어머니 진심으로 사랑합니다. 고맙습니다. 저는 이 말이 이토록 눈물나는 말인 줄 몰랐습니다."

편지는 단박에 무덤덤한 모자관계를 복원시켰다. 군대가 뭐 길래 아들이 며칠 사이 철이 들어 안 하던 말까지 하는지 나는 몇 번이나 다시 꺼내 읽으며 눈물을 질금거렸다. 감동적이지만 힘들 때나 하는 이런 고백을 다시 듣는 일이 없기를 바라며, 춘향이 도령에게 받은 서찰 간수하 듯 장롱에 고이 넣어두었다.

고대 그리스시대의 철학자들은 이런 복잡다단한 감정을 크게 플라토닉, 아가페, 에로스로 구분하고 있다. 지적, 정서적인 교류를 포함하는 정신적인 사랑과 이에 반하는 남녀간의 사랑을 통칭하는 에로스는 호감을 느끼는 호르몬의 유효기간이 있어 불안전한 사랑이라고도 한다.

며칠 전 지인의 혼사에서 주례가 사랑의 유효기간에 관련된 의미 있는 조언을 했다. 사랑하기 때문에 결혼하는 것이 아니라 사랑하기 위하여 결혼을 하라. 샘솟 듯이 꾸준히 사랑하면 그 사랑이 영원하지 않겠느냐는 논리다.

일면 수긍하면서도 주례자는 그런 노력을 하며 사는지 의문이다. 십계명이 지키지 쉽다면 계명일까. 젊은 날의 불같은 사랑은 풍화를 겪으며 사그라지고 정으로 살아가는 것이 일반적인 정서다. 어쩌면 사랑은 아기와 같아서 늘 바라보고 보살펴주었을 때 완성되는 것인지도 모른다.

세 살 바기 외손자가 제 어미의 가슴에 얼굴을 묻고 "난 엄마랑 결혼할 거야."라고 속삭일 때가 있다. 사랑을 받기만 하던 아기가 사랑을 주는 것을 배울 때 가장 가까이 있는 대상이 어머니다. 나는 딸에게 그 사랑을 믿지 말라고 충고했다. 장롱 속에 간직했건 냉동실에 보관했든 유효기간을 늘리려는 욕심은 그저 욕심일 뿐이라는 걸 확인시켜준 사람이 믿었던 피붙이였기 때문이다.

군복무가 끝나갈 무렵 아들은 사용하지 못한 휴가일수를 채운다며 자주 집에 왔다. 그렇게 집이 그립다하더니 예전 같지 않게 심드렁했다. 그렇더라도 그러려니 하면 될 것을 나는 굳이 옛사랑을 확인해보겠다고 보물처럼 간직해두었던 편지를 꺼내 보이고야 말았다.

입 꼬리가 한쪽으로 지긋이 올라가는 저 야릇한 미소는 영화에서 많이 보아왔던 배신자의 얼굴이다. 충성!하던 군대식 인사는커녕 오래된 풍선처럼 군기가 빠져가던 김 병장이다.

“난처하네. 책임지지도 못할 말을 왜 했던 거야. 증거까지 남겼단 말이지!”

아들의 변심을 확인하고도 속없는 어미는 편지를 다시 장롱서랍에 모신다.

아가페(Agape), 신의 사랑은 일방통행이다.

나의 유년은 안락했다네

동생은 며칠 전 도둑을 맞았다고 울상이다. 놈들은 금속탐지기라도 가지고 다니는지 잠깐 사이 족집게처럼 뒤져갔다고 한다.

의식주가 불비했던 옛날에는 빨랫줄에 걸린 옷이나 댓돌위에 벗어놓은 신발이 없어지는 경우도 많았지만 지금은 쓸만한 집기들도 돈을 들여야 버릴 수 있는 세상이 되었다. 생계형 도둑이 사라진 반면 큰 도둑들이 활개치는 바람에 강도사건이 아니라면 뉴스거리도 되지 않는다. 경찰서에 도난신고를 해도 왜 집안에 금붙이를 두느냐는 핀잔만 받는다니 변변찮게 사는 것이 위안이 될 때도 있다.

지금도 시골에는 대문 없는 집이 많다. 담장이나 울타리는 안팎을 구분 짓는 경계일 뿐 도둑에는 무방비 상태나 다름 없다.

우리 집은 큰길가에 있고, 마을에서 몇 채 안 되는 기와집이어서인지 가끔 밤손님이 찾아들었다. 그런데 신기하게도 코를 잘 골던 아버지가 그 때마다 인기척을 용케 감지하셨다.

어느 날 수런거리는 소리에 잠이 깼다. 무슨 일이지? 벌떡 일어나 문틈으로 내다본 마당에 이상한 일이 벌어져 있었다. 환한 달빛 속에 아버지가 계셨고 감나무 위에 사람이 올라가 있는 게 보였다. 앙상한 나무 위에 사람이 있는 모습이 괴기스럽게 느껴졌다.

소란의 발단을 짐작하게 하는 것은 마당 한가운데에 떨어져있는 커다란 수숫대 뭉치였다. 바람이 잘 통하는 곳에 올려놨다가 마르면 빗자루를 만들 참이었다.

아버지는 나무에서 내려온 사람을 데리고 밖으로 나가셨다. 그날 아버지는 목호에서 온 그 사람을 기차역까지 데려다주고 새벽녘에 집에 오신 것 같았다. 해코지라도 하면 어쩌려고 그 먼 데까지 갔느냐고 하자 "수숫대나 가져가려던 사람이오. 바늘 도둑이 소도둑 될까봐 타일러서 보냈소." 하는 것이다. 소도둑! 나는 소도둑이라는 말에 소름이 돋는 듯했다. 소를 잃어버렸던 기억이 악몽처럼 떠올랐기 때문이다. 그날도 산 초입에 소를 풀어놓고 냇가에 내려가 놀다가 저녁 무렵 소를 찾으러 산으로 올라갔다. 그런데 어찌된 일인지 우리 소만 보이지 않았다. 이리저리 찾아보았지만 어디에도 없었다. 해가 지자 아이들은 저희 소를 몰고 산을 내려갔다.

"음매애애애애~~~"

나는 애가 타서 어둠이 짙어지는 산속을 향해 송아지가 엄마소를 부를 때 내는 울음소리를 흉내 내어 불러봤지만 메아리만 돌아왔다. 먼저 내려간 아이들의 전갈을 받았는지 얼마 후 아버지와 동네 어른들이 등불을 들고 올라오셨고, 나는 풀이 죽어 집으로 내려왔다.

저녁밥도 먹고 싶지 않았다. 소를 찾아 헤매고 다닌 피로가 한꺼번에 몰려왔다. 걱정 때문에 가슴도 펴지 못하고 쪼그리고 앉았다가 잠이 들었다.

잠결에 양철 채양에 비가 떨어지는 소리가 들렸다. 달이 떴으면 좋을 텐데 비가 내리는 산에서 소를 찾고 있을 어른들이 걱정이 되었다. 시간이 지날수록 불길한 상상이 고개를 들기 시작했다. 내가 허술하게 맨 고삐가 풀어져 조난당해 어딘가에 쓰러져있는 것이 아닐까? 혹시 도둑이? 순한 우리 소를 끌고 가는 소도둑의 우락부락한 얼굴이 눈 앞에 어른거렸다. 낮에 냇가에 내려가 놀지만 않았어도 이런 일이 일어나지 않았을 거라는 생각이 들자 쪼그리고 앉은 몸이 콩 벌레처럼 도르르 말리는 듯했다.

잠이 들면 불길한 꿈을 꾸다가 가위에 눌려 소리를 지르며 일어났다. 아침밥도 모래알을 씹는 것 같았다. 빈 외양간을 보니 더 곤혹스러웠다. 그런데 이상한 것은 평소 신발 한 짝만 잃어버려도 야단을 치던 어머니가 소를 잃어버리고 왔는데도 뭐라 하지 않는 점이었다. 소 한 마리 값이면 넓은 우리 집 마당에 고무신을 사서 외양간 높이만큼 쌓고도 남을 돈인데 싶은 엉뚱한 생각에 더욱 초조해지는 것이었다.

며칠 만에 좋은 꿈을 꾸었다. 햇살 가득한 마당으로 우리 소가 뚜벅뚜벅 걸어 들어오는 꿈이었다. 내가 간절하게 바라던 광경은 다음날 꿈처럼 이루어졌다. 인근 우시장이 서는 곳마다 수소문하여 다닌 끝에 북평 장날 팔려고 소도둑이 끌고 온 소를 아버지는 용케 찾아내셨다. 백 여리가 넘는 길을 소를 앞세우고 걸어서 개선장군처럼 집으로 돌아오신 아버지가 말할 수 없이 위대하고 존경스러웠다.

그때 지서에 신고를 했다면 귀중한 소를 왜 산에 방목했느냐는 핀잔만 받고 영영 찾지 못했을지도 모를 일이다. 스스로 보안관이던 아버지. 든든한 아버지가 있어 나의 유년은 안락했다.

보물과 고물

같은 물건이라도 누구에게는 고물인 것이 누구에게는 보물이 되기도 한다. 이사할 때마다 가지고 다니는 양념단지가 그렇다.

작은 단지 네 개가 손잡이 하나로 옹기종기 붙어있는 용기 속에 엄마는 소금, 고춧가루, 깨소금, 조미료를 담아두고 사용했다. 찬장 속에 있던 양념단지가 조리대로 나오면 부엌에 맛있는 냄새가 진동했다.

식구들이 다 떠나 홀로 시골집을 지키는 어머니에게 그 양념단지는 더 이상 쓸모가 없어져 관심을 보인 내게 주셨다. 내가 태어나던 해 섣달그믐날 해질녘에 곡식을 구하러 온 옹기장수에게 좁쌀 한 됫박과 맞바꾼 것이라니 나와 동갑이다.

천년이 지난다 해도 보물이 될 리 없는 애물이자 짐이 되었지만 어릴 때 추억과 엄마의 오랜 손때가 묻어있기에 내게는 단순한 사물이 아니다.

꼭 양념항아리로 써야 제 맛인가. 그 자체로 내 삶에 맛을 내주는 양념으로 여기고 간직하고 있는 것이다. 내 손을 떠나는 순간 고물이 된다는 걸 알기에 오늘까지도 그것을 버리지 못하고 있다.

누가 보아도 고물인 오빠 집에 있는 작은 병풍도 나에게는 추억 어린 보물이다. 기제나 차례를 지낼 때 치는 서화병풍으로 내가 어릴 때 화공이 우리 집에 유숙하며 제작한 것이다. 큰 병풍은 골동상이 보물로 알았는지 가져가버리고 작은 것만 남아있다.

화공이 오던 날 나란히 엎드려서 절을 했던 기억이 난다.

"제 여식들입니다"

도료와 필묵을 펼쳐놓고 신들린 듯 그림을 그리고 글씨를 써내려가는 과정을 며칠 동안 나는 유심히 지켜보았다. 병풍을 꾸민다는 소문을 듣고 보러온 이들도 있어 축제 같은 나날이었다.

완성된 병풍을 보고 만족한 표정을 지으시던 아버지. 그 날 화공에게 드렸던 절을 아버지께 드리고 싶은 마음 간절하다. 여러 자식 기르느라 힘드셨을 텐데 무슨 여유로 화공을 불러 병풍 만들 생각을 하셨을까. 나는 그런 문화마인드를 지녔던 농사꾼 아버지가 참으로 존경스럽다.

보잘 것 없는 병풍이 보물처럼 여겨지는 것도 돌아올 수 없는 시간에 대한 그리움인가. 그 시간마저 잊을 때쯤이면 내가 애착하던 것들도 보물과 고물의 경계에서 벗어나 무위로 돌아갈 것이 분명하다.

살아온 날이 쌓일수록 슬픔이 커진다고 한다. 고물이 되어가는 자신의 모습을 보는 아픔에서일 터다. 나는 누구에게 보물인 적이 있었을까?

시계 소리

어린 시절, 우리 집의 유일한 문화도구는 금성 트랜지스터 라디오였다. 건전지의 기력이 떨어졌거나 바람이 몹시 부는 날만 아니면 산골짜기까지 세상 돌아가는 이야기를 전해주는 신기한 물건이었다. 마을에서 하나뿐이던 라디오는 재봉틀, 벽시계와 함께 가끔 학교에서 작성하던 가정환경조사서를 빛나게 해주던 것들이었다.

쌀 몇 말 주고 바꾸었다는 재봉틀과 아버지가 한국전쟁 전에 사왔다는 벽시계는 필수품이지만 그 시절에는 귀중품으로 여긴 것들이었다. 고물이 된 그 물건들을 어머니는 버릴 생각이 없어 보인다. 시계는 다락에 넣어둔 것도 아니고 벽의 한 가운데 걸어둔 걸 보면 어머니에겐 시계 이상의 의미가 담겨있는 듯하다.

어렸을 때 아버지는 내가 밥을 먹고 나면 시계 밥도 주라고 이르셨다.

처음에는 손이 닿지 않아 목침 두어 개를 포갠 위에 올라가 열쇠 같이 생긴 봉을 꺼내 태엽을 감아 주었다. 따르륵거리며 조여지던 태엽의 감촉에 익숙해지고 쌓은 목침의 숫자가 줄어둘 무렵에는 나도 아버지처럼 시계 밥을 줄 때를 저절로 알게 되었다. 그러나 내 키가 시계에 닿을 만큼 자랐을 때 아버지는 시계소리를 더 들을 수 없게 되었다. 아버지의 시간이 정지되었지만 어머니의 시간은 더 가혹해져갔다. 마음 내키면 벌떡 일어나 누렇게 변색된 숫자판의 유리문을 열고 태엽을 감는 어머니의 표정은 진지해 보인다. 죽어있던 시계가 태엽이 감긴 순간부터 피돌기를 시작한다.

뚝딱 뚝딱 뚝딱……

시계 소리를 세며 잠이 들던 어릴 때의 적요하던 밤이 고스란히 되돌려진 느낌이다.

어머니가 가끔 시계를 살려놓는 것은 어쩌면 그 소리와 함께한 세월들을 되돌리려는 의식같이 보이기도 한다. 고단하기만 했을 어머니의 삶속에서 새삼스레 꺼내보고 싶었던 건 무엇이었을까.

세상이 변하는 속도만큼 따라 변할 수 없어 어머니는 한동안 힘들어하셨다. 농사를 지을 사람이 없어 잡초만 무성해가는 논을 보고 우울증에 빠지기도 했다. 그곳은 아버지가 피땀 흘려 가꾸던 땅이었다. 모내기가 끝난 후에도 한 포기라도 더 심을 빈자리가 있는지를 살피던 아버지를 떠올리면 황폐해진 들을 바라보는 건 어머니에게 고통이었을 것이다. 농사시절이 좋았을 때는 소작할 이들이 서로 짓겠다고 탐을 내던 논이었다. 그 논이 비면서 덩달아 텅 빈 것 같다는 가슴속에다 몇 년째 약을 털어 넣으면서도 다스려지지 않던 우울기가 슬며시 사라진 건 지난해 겨울부터였다.

"한 번 내려와 봐라. 내년에는 논에다 씨를 넣을 수 있겠다."

어머니의 목소리가 오랜만에 생기를 되찾아 젊은 날처럼 쇳소리를 내고 있었다. 경지정리가 시작된 앞들에서 불도저의 쇳소리가 전화선을 타고 들려 왔다. 감나무와 대추나무가 있던 텃밭과 자름한 논들이 합쳐져서 한 필지가 된다는 것이 들뜬 어머니의 설명만으로는 무슨 뜻인지 얼른 알아들을 수 없었다. 우리는 그저 어머니가 우울증에서 놓여난 것을 다행으로 여겼을 뿐 그 대지가 가슴이었다는 걸 가을이 될 때 까지 모르고 있었다.

비어있던 행랑채에 농사를 지을 노부부가 이사 오던 날도 집에 온기가 돈다고 좋아하셨다. 혼자 계셨으니 사람이 그립기도 하였을 것이다.

모내기를 하고나서도 '한 번 내려와 보라'던 청을 입추가 지나 벼 끝이 올라온 날도 똑같은 지청을 하신 걸 보면 벼가 실하게 자라고 있는 논을 자랑하고 싶은 마음도 있었을 것이다.

"제 논에 물들어가는 거, 새끼 입에 밥 들어가는 거 보는 게 낙이지"

오랜만에 어머니를 찾아뵌 날, 햅쌀밥을 맛있게 먹는 내게 아버지가 자주 하셨다는 이 말을 주문처럼 외는 노모의 눈에 물기가 맺혔다. 필시 어머니의 저 표정은 새끼에게 젖을 물리는 심정이 고스란히 담겨 있음이다.

가라앉은 공기를 가르며 둔탁하게 똑딱거리던 아버지의 시계가 몇 번인가 울렸다.

둥, 둥, 둥…… 울림 판에 부딪쳐 돌아 나오는 소리가 범종을 울리는 듯하다. 힘겹게 추를 움직이는 시계가 어머니를 닮아 있다. 시계도 오래되면 사람처럼 목소리가 변하는지 예전의 시계소리가 아닌 것 같기도 하다.

저 소리를 들으며 자랐던 마을의 옛 정경이 사라졌어도 어머니 앞에서 서운함을 내색할 수 없다. 논에서 얻어낸 쌀이 어머니를 지탱하는 힘이라는 걸 알기 때문이다.

그래도 텃밭이 논이 된 건 아무래도 섭섭하다. 이모작을 할 수 없어 벼농사만 지을 수 있던 논에 비해 밭에서는 어떤 씨앗을 심어도 요술같이 잎을 피우고 열매를 맺었다.

콩이나 팥 같은 알록달록한 밭곡은 물론 온갖 푸성귀가 구석구석 자랐다. 일부러 심지 않아도 개똥참외가 덤으로 나기도 했고 밭 귀퉁이에 있는 감나무에는 해마다 가지가 늘어지도록 감이 달렸다. 그 밭이 사라져 허공이 된 것이다. 낮은 쪽에 수평을 맞추다보니 밭을 깎아 깊어진 논이 텃밭 자리를 이고 있는 모양새다. 허공이라니!

나는 흙이 사라진 빈 공간을 바라보고 있다. 그 속에는 감을 따는 아버지의 모습이 보이고 감 망태를 받아 내리는 어릴 적 나도 있다.

머리에 수건을 두르고 목화를 따는 엄마에게 아버지가 홍시를 골라 건네주신다. 나는 빈 도화지에 그림을 그리듯 비어있는 그 공간에다 수 없이 많은 추억들을 그려간다.

그림들은 물속에서처럼 출렁거리다가 이내 사라진다. 가슴속으로 공허한 바람 한 자락이 지나간다. 기억이 시작될 무렵부터 내 안에 뿌리를 내리고 있던 나무들이 뽑혀 나간 자리. 태를 버린 곳에 대한 본능적인 애착인지도 모른다.

포장된 길 위에 따뜻한 곳을 찾아 나온 뱀 한 마리가 겁 없이 해바라기를 하고 있다.

호박이나 풋고추를 따러간 텃밭에서 놀라게 했던 뱀. 소름을 돋게 하던 저런 것에도 의미를 지어주고 싶을 만큼 나는 옛날이 그리운 것이다.

해가 지면 온전히 어둠 속에 갇혀버리던 마을, 버섯 등 같은 초가가 있던 자리에 가로등불이 켜진다. 환한 불빛이 어둠을 밀어낸다. 손에 잡힐 것 같던 별들이 놀라 저만큼 달아나버린다.

뚝딱, 뚝딱, 뚝딱…… 시간을 밀고 가는 저 소리. 새들도 겁내지 않는 허수아비처럼 아무리 팔 벌려 막으려 해도 시계소리에 우리는 힘 없이 떠밀려 간다.

(2000년)

제(祭)의 뜻

어머니는 여간하여 죽음이라는 단어를 입에 올리지 않았다. 가까운 분일수록 세상을 떠났다거나 버렸다, 돌아갔다는 등 정중하고 관용적인 표현을 쓰셨다. 삶은 무한한데 정거장에서 기차가 떠나듯, 쓰던 물건이 망가져서 버리 듯, 소풍 나왔다가 집으로 돌아간다는 듯 그렇게 말씀하셨다. 기력이 쇠하여 누워계실 때도 저승길을 닦는다며 염주를 손에서 놓지 않던 분이다. 미구에 다가올 죽음을 받아들일 준비를 하고 계셨던 게다.

"혼자 왔으니 갈 때도 혼자 가는 것이지."

담담하게 말씀하셨지만 비장함이 스민 서늘한 목소리였다. 어디로 가신다는 말인가. 갔다가 다시 온 사람이 없으니 믿고 싶은 대로겠지만 어머니는 인연 따라 간다는 걸 믿으셨다. 이승에서의 인연이 전부였을까.

새색시 적엔 매사 조심스러웠지만 시댁에 동화되어가는

만큼 혈육 이상의 정으로 살았다. 생전에 스스럼 없는 고부간이었으나 돌아가신지 십 년이 지난 오늘까지 꿈에도 한번 안 오신다.

집안이 넓어 늘 번잡하던 명절차례나 일 년에 몇 번 기제사를 지낸 다음날은 고단하여 몸살이 날 지경이었다. 기물을 손질하여 제자리에 넣고 남은 음식을 나누어낸 연후에야 고부는 느긋하게 앉아 늦은 음복을 했다.

어머니가 서너 잔을 드시는 동안 술이 약한 나는 한 잔을 받아 놓고 마시는 시늉만 하며 안주만 먹었다. 굽고 지질 때 맛있는 냄새를 풍기던 육적이나 어전들은 다시 데워도 제 맛이 나지 않았다. 오색 재료를 꼬챙이에 꿰어 얇게 지져내는 오방적은 품이 많이 드는 음식이다. 아이들도 야채사이에 끼워있는 쇠고기만 골라 먹어 공들인 만큼 인기가 없는데도 어머니는 꼭 그걸 하셨다.

"나중에, 나중에 제사 잡수러 오시면 오방적은 없을 거예요. 어머니만큼 잘하지도 못하고 시간만 많이 드니 윗분들께도 꼭 전해주세요."

장난스런 내 투정에 오냐, 알았다하시며 고단함을 잊으라고 조기대가리를 먹어도 맏며느리가 낫다고 했다는 옛적 농담을 하셨다. 고양이도 먹어볼 게 없어 탄식했다는 그 조기대가리로 위안 받으라했다니 맏며느리들 참 짠하다.

"어머니! 정말 있을까요. 귀신?"

"에이! 귀신은 무슨 귀신"

"그럼 제사는 왜 지내죠?"

"그러게. 있는 것도 같고, 확실한 건 죽어봐야 알겠지. 죽었는데 뭘 알겠나."

혼백이 있다는 것도 비현실적이고, 없다고 생각하면 허무하니까 있는 것도 같고, 없는 것도 같다고 생각하는 것 같았다. 나는 그 사실을 확실히 알게 되셨을 때 꿈에 꼭 귀띔해달라는 허황된 부탁을 드렸다. 그러마고 하셨던 어머니는 환생하여 다른 생을 살고 계신지, 망각의 강을 건너 이승의 기억을 송두리째 잃어버리셨는지 오늘날까지 무소식이다.

어머니의 10주기, 오늘 그분이 우리 집에 오신다. 불교에서 말하 듯 삶과 죽음이 다르지 않다면(生死不二) 버림이나 떠남도 없이 늘 우리 가까이 계실 것이다.

봉제사의 뜻은 자손들이 한 자리에 모여 고인을 그리며 올렸던 음식을 나누는데 의미가 있음이다. 며느리의 어리광을 타박치 않고 받아주셨던 분, 마음을 다해 제를 준비한다.

계룡산 연가

계룡산 여행을 생각할 때부터 나는 옛날 정경을 떠올리며 그 산장을 찾을 수 있다면 우리가 그때 묵었던 방을 달라고 할 작정이었다. 본채에 가려 초입에서는 잘 보이지 않던 조용하고 따뜻하던 방, 산속의 적막을 지키 듯 돌돌거리며 흐르던 물소리가 밤새워 들리던 곳이었다. 그 소리는 지금도 평화와 행복의 신호음으로 남아 그리움을 자아낼 때가 있다.

날이 밝은 후 물소리를 내던 작은 도랑 앞에 다다랐을 때, 명산의 새벽 정기가 서렸을 것이라며 신랑은 그 물로 내 얼굴을 찬찬히 닦아 주었다. 곱실한 앞머리가 이마에 반쯤 흘러내린 남편의 얼굴은 더 없이 듬직하고 환해보였다.

그때 우리는 세상이 우리 것인 듯 계곡을 오르내리며 산길에다 행복을 뚝뚝 떨어뜨리기도 했을 밀월여행 중이었다.

어느덧 물처럼 흐른 세월, 은혼을 맞았다. 행복이란 그리 흔한 게 아닌 것을, 우리는 그때 조심 없이 흘렸던 행복의 낙수라도 주워보려고 계룡산 여행에 나섰다.

옛날에도 십년이면 강산이 변한다고 하였거늘 이즈음의 변화는 상전벽해다. 국립공원으로 지정된 지 30년이 되었다는 계룡산 주변도 뽕나무밭이 바다만 아닐 뿐 한밭은 이미 옛날의 밭이 아니었다.

학봉리를 거쳐 동학사로 오르는 넓은 길 주변에는 온갖 음식점들이 요란한 간판을 내걸고 계룡산도 식후경이라는 듯 관광객을 부르고 있다.

이 길은 옛날 덜덜거리는 시발택시를 타고 들어가던 좁은 산길이었다. 구부러진 산모롱이를 돌아갈 때, 철 이르게 핀 진달래를 꺾어들고 꽃을 사라고 흔들던 소년의 모습도 순간 길 위로 스쳐간다.

예전의 기억만으로는 어디인지 가늠하기가 쉽지 않다. 동학사로 오르는 길을 따라가자, 달라지기는 했지만 산장의 초입에서 찍었던 사진 속의 배경과 비슷해 보이는 입구가 나타났다.

약간 경사진 언덕은 산장으로 오르던 길이 있던 자리가 틀림 없어 보인다. 그러나 이끼 낀 돌담과 축대는 눈에 익었으되 산장이 있던 자리에는 공예품 가게 건물이 들어서 있을 뿐 물이 흐르던 흔적은 어디에서도 찾을 수 없다.

그래도 미련이 남아 소박하던 그 산장의 모습을 그려보았다.

부질 없는 옛 생각에 작은 한숨이 나오려한다. 사라진 것이 어디 그뿐일까! 그날 아침 도랑가에서 보고 느꼈던 것들, 이를테면 넘쳐흐르던 행복이나 변함 없을 것 같던 사랑, 밤새 돌돌거리며 흐르던 물소리조차 모두 환상이었나 싶다.

내가 『반야심경』의 '색즉시공 공즉시색'이라는 법구에 마음이 가는 것은 그때 동학사 강원마루에서 계곡 건너편에 있던 신혼부부를 유심히 바라보던 한 스님의 모습이 문득 떠올랐기 때문이다.

앳되어보이던 비구니는 그때 무슨 생각을 하였는지, 또 그날 화사한 모습으로 세상 밖으로 나갔던 우리가 25년의 세상풍진을 겪고 절 앞에 돌아올 동안 스님은 성불하셨는지 불현듯 궁금해졌다.

신라 때 회의화상이 창건했다는 동학사는 수없이 증개축을 하여 고찰 같은 느낌은 별로 없지만 비구니들의 전문 강원이 있어 산문에 들면 발자국소리가 더 조심스러워진다.

대웅전 마당에서 조망한 계룡산은 천년고찰을 품을 만큼 수려한 모습이다. 울창한 수림과 기암절벽이 어우러진 명산이라 전에는 계룡산 도사들로 유명하였다는데 지금 산 아래에는 과학자들의 연구단지가 큰 터를 잡고 있으니 이상과 현실이 뒤바뀌었다는 느낌이 들기도 한다.

우리는 동학사를 지나 은선폭포를 다녀오느라 늦어서야 숙소에 돌아왔다.

산골짜기의 밤은 아직 싸늘하다. 바람소리는 예나 변함 없는데 못내 아쉬운 돌돌거리는 물소리를 찾아 소라귀가 된다.

이튿날, 늦은 아침을 먹고 계곡을 따라 산 주변을 둘러보았다.

누운 산자락들은 잠에서 깨어나느라 부스럭거리고 양지바른 쪽에는 이미 봄이 와있다.

길목의 버드나무는 제법 파랗고 시들어가는 산수유와 활짝 핀 개나리, 피기 시작하는 진달래가 이어달리기를 하듯 꽃을 피워가고 있다.

이렇듯 꽃이 피고 지며 수 없이 많은 봄들이 지나갔다.

금혼을 맞을 때도 이 향연을 지켜볼 수 있다면 신혼을 그리워하듯 분명 오늘이 그리워질 것이고 보면 이 순간의 소중함이 새삼스러워진다. 행복은 어쩌면 지금 우리들 어깨위에 내려앉는 한 줄기 봄볕이거나 마주잡고 있는 손의 온기처럼 아주 사소한 것인지도 모른다.

(1998년)

원더풀 키즈

아기들의 웃는 얼굴은 세상 그 어떤 고통도 치유할 수 있는 힘이 있다. 그 사랑스러운 모습을 보면 평생 할 효도의 8할을 세 살까지 다 한다는 말에 고개가 끄덕여지기도 한다.

걸음마를 하던 아기들은 어느새 달음박질을 하고, 사근사근하던 딸의 언성은 나날이 높아간다. 잘 놀다가도 별 것 아닌 일로 육탄전까지 벌일 때는 꿀밤을 주고 싶을 때도 있다. 아들 둘인 엄마는 목木메달감이란다. 목을 매달만큼 키우는 게 힘들다는 자조와 조롱이다.

오면 반갑고, 가면 더 반갑다는 외손자 두 놈을 몇 시간 봐줄 일이 생겼다. 처음 태풍의 눈처럼 조용하던 녀석들은 시간이 갈수록 구르고, 뛰고, 던지는 바람에 집안은 곧 아수라장으로 변해갔다. 진정 잠든 얼굴만 바라보아도, 고사리 같은 손가락을 잡기만 해도 엔도르핀이 마구 솟아나게 하던 그 녀석들이 맞는가. 집은 나중에 치우면 되지만 아래층에 사는 사람들이 신경이 쓰여 책도 읽어주고, 게임도 하고, 맛있는 것도 챙겨주지만 곧 한계점에 부딪친다.

그럴 즈음 공을 잡으려던 큰놈의 어깨에 부딪혀 나는 소파 한가운데로 크게 나가떨어지고 말았다. 울고 싶던 참에 꼬집혔고, 쉬려던 참에 넘어졌으니 잘됐다. 쇼 할 생각은 없었는데 내가 움직이지 않으니 아이들이 조용해졌다. 잠시 적막이 흘렀다. 나는 아이들이 조용해진 게 신기하고 아이들은 내가 조용하니 불안한 모양이다.

녀석들의 탐색이 시작되었다. 할머니! 할머니! 할머니!

흔들어본다. 굴려보고, 눈을 벌려보고, 가슴에 귀를 대본다. 너희를 진정시킬 수 있다면 나는 숨도 잠깐 멈출 수 있고, 꼬집어도 독하게 참을 것이다.

그러나 참을 수 없는 아픔, 심장이 멎었다 해도 깨어나지 않을 수 없는 강력한 힘이 가슴 위에 사정 없이 가해졌다. 내가 참지 못해 일어나자 이마에 땀이 송글송글 맺힌 큰 녀석이 살려냈다며 환호성을 질렀다.

어찌 실행할 용기를 냈을까. 심폐소생술 자격증을 가진 나도 실제로 내 앞에서 누가 쓰러진다면 녀석처럼 할 수 있을까. 이제 할 수 있겠다. 초등학교 1학년인 태윤이가 그걸 가르쳐주었고 용기를 주었다. 그렇게 아픈 줄도 알게 되었다.

큰 녀석 때문에 나는 죽지도 못하게 생겼다. 이놈 앞에서 그런 쇼는 할 생각도 말아야겠다. 기특한 놈!

갑자기 쓰러진 사람을 살릴 수 있다고 유치원에서 배웠다며 배시시 웃는 모습 어디에도 말썽꾸러기 흔적은 보이지 않는다. 필시 저 비범함이 빛을 발해 제 어미 목에 보석메달을 걸어 주기를 기대한다. 밉기만한 일곱 살은 없다.

봄날은 간다

올해 맏이인 오빠는 팔순, 막내 남동생은 육십이다. 그 사이에 다섯 자매가 나란히 의좋게 살아가고 있다. 두 언니, 두 여동생. 이만하면 동기 복을 자랑해도 되지 않을까.

중학교 때부터 외지에 나가 공부했던 오빠는 늘 손님 같았다. 방학 때 집에 오면 아버지께 엎드려 절을 했고, 며칠 내 집안에 닭 삶는 냄새가 났고, 우리는 차례대로 불려가 산수를 제대로 하고 있는지 점검받았다.

공고 졸업 후 아버지의 반대를 무릅 쓰고 서울로 유학을 가면서 몇 년 동안 우리 집은 錢의 전쟁을 겪는다. 땅의 가치를 중하게 여겼던 아버지는 한 평이라도 땅을 늘리고 싶은 농부였고, 아들에 대한 어머니의 사랑과 집념은 가히 맹목적이었다.

우리는 오빠가 신인 줄 알았다. 객지에서 아들이 밥을 굶을까봐 부뚜막에 밥을 떠놓았고, 어느 날은 시골 터미널에서 노숙하며 연필을 팔고 있는 고학생을 데려와 숙식을 제공한 적도 있다. 우골탑 몇 개가 쌓이고, 이런 어머니의 선행, 두 언니의 헌신과 희생이 헛되지 않아 오빠는 기술사 자격도 획득했고 젊을 때부터 경부고속도로, 남해대교, 남산터널 등 우리나라의 굵직한 건설 현장을 누볐다.

콩나물 놓는 엄마와 그걸 팔러 다니는 동생들이 안쓰러워 졸업하는 날 시루를 모조리 깨어버리겠다고 하던 오빠. 훗날 그 동생들 가족까지 사랑한 자상하고 인정 많은 분이었다. 눈시울이 뜨거워진다. 한창 일할 나이에 뇌출혈로 사경을 헤맨 끝에 소생은 했지만 신으로 부활하지는 못한다. 카프카의 그레고리우스로 변신한 오빠는 엄마의 가장 아픈 손가락이었다.

언니들이 존경스럽다. 할일을 했다며 한 번도 공치사를 하지 않았다. 오빠는 신세 많이 졌다고, 고맙다고 입버릇처럼 말하면서 언니들에게 땅 한 평도 나눠주지 않았다. 비싸지도 않은 땅, 당신이 잘 나갈 때 며칠 술값이나 됐을까. 통 큰 사람이었지만 아버지의 땀이 배어있는 땅에 애착이 많았던 모양이다.

부모님은 딸들에게 근면과 성실을 유산으로 물려주셨다. 젊은 날 맨손으로 캐나다에 이민해 토론토에 살고 있는 작은 언니는 따뜻한 플로리다에 가서 골프 치며 겨울을 보내고 돌아온다. 알뜰함이 몸에 배어 잘 살고 있는 지금도 물 한 방울 헛되이 쓰지 않으면서 남의 일에는 따지지 않고 쾌척한다.

엄마 같은 나의 큰언니. 세월이 흐를수록 점점 엄마를 닮아간다. 모습도 엄마를 닮아가고 새끼 챙기 듯이 어딜 가나 당신 자리보다 우리 앉을 자리를 챙긴다. 복장과 화장, 앉을 때도 자세를 흩트리지 않는 요조 할머니로 내가 머리염색을 하지 않는 걸 영 못마땅해 한다.

언니는 노래와 시낭송을 잘한다. 봄에 진달래꽃 구경 가서 산산이 부서진 이름이여! 부르다가 내가 죽을 이름이여! 하면 우리는 다 쓰러진다. 엄마를 닮아 감성적, 문학적 소양을 많이 지닌 분이다. 내가 대학가고 싶어 했을 때 흔쾌히 도와주겠다하던 언니를 생각하니 고마워서 또 눈시울이 뜨거워진다. 시댁에서 감사패를 주고 싶다할 만큼 형부에게 잘했던 언니. 오래 병석에 있던 형부 앞에서 연분홍 치마가 봄바람에~ 꾀꼬리 같은 목소리로 봄날이 간다고 노래하면 그 절창에 누워 있던 형부가 또 쓰러진다. 환자 기분을 풀어주고 웃게 하던 누구도 따라할 수 없는 헌신을 당연한 듯 했던 분이다.

언니들이 살아낸 지형이 툰드라였다면 동생들은 초원에

서 평탄한 학업을 이어갈 수 있었지만 막내는 미성년에 아버지를 여윈다. 임종 때 오빠가 동생 공부시키고 잘 거두겠다고 하자 아버지가 편안하게 눈을 감으셨다. 우애 있게 살려고 애쓰셨던 오빠와 올케언니께 진심으로 감사드린다.

큰 동생은 떡을 좋아해 떡자라 불렀다. 마음 놓고 떡 먹지 못할 병이 생긴 이래 애칭은 자동 회수된 德스러운 子이다. 건강식의 달인으로 동생네 집에 가면 건강해지고 날씬해지는 건 시간문제다. 근면성실에서 서열을 매긴다면 단연 메달 상위권이다. 옛날엔 없어 못 먹고, 젊을 때는 아끼느라 안 먹고, 살만하니 먹으면 안 된다는 사람들이 주변에 많다.

막내 똘똘이가 기억을 도둑맞고 있다. 감꽃 목걸이 만들던 기억, 도랑에서 가재 잡던 기억…… 업어 키우며 예뻐했던 언니들에 앞에서 동생이 그러면 안되지 뚝! 세상이 좋아지고 있으니 그런 문제들도 해결해 줄 것이고, 언니들이 너의 손 잡아준다. 힘내자.

진짜 막내!

세 살 때까지 아버지가 무릎에 앉혀서 밥을 먹였던 우리 집 작은 神이었다. 내 입에 들어간 것도 내주고 싶던 귀염 받으며 자랐던 시스터 보이!

열 살 넘도록 누나들을 언니라고 불렀던 남동생이 육십

고갯마루에 올라왔으니 세월이 많이 흘러간 것이다.

엄마가 늘 형제간 우애 있게 해달라고 비손하고, 오빠가 이끌어주고, 동생들이 잘 따른 덕분에 화목하게 살아왔고, 앞으로도 그렇게 살아갈 것이다.

연분홍 치마가 봄바람에~ 봄날은 간다. 꽃잎처럼 흩날리며 우리들의 화려한 봄날이 가고 있다. 꽃이 피면 같이 웃고, 꽃이 지면 같이 울던 아련한 봄날이 간다.

고마워요 당신

그 사람과 나는 많이 닮았고 또 많이 다르다.

닮은 것은 서로에 이끌렸다는 것. 그 것 외에 우리가 다른 별에서 온 족속이라는 걸 부인할 수 없다.

나는 천천히 밥을 먹는 편이고, 늦게 잠자리에 들면서 잠도 금방 못 든다. 밥 먹는 속도가 바람 같고 누우면 금방 잠드는 그와는 대조적이다. 한 사람은 덥고, 또 한 사람은 추워서 난리다. 초봄에 길에 핀 작은 풀꽃을 들여다보며 장하다. 넌 나보다 위대하다고 진심으로 말한다.

처음에는 같이 다녔지만 운동하러 왔으면 운동만 하자는 그와 뽕 따러가서 임도 보고 와야 하는 나와 견해 차이로 따로 하게 되었다. 한강변에서 걷는데 열중한 그가 마주 걸어오는 나를 못보고 지나갈 때도 있었다. 신의 장난인가. 왜 이끌렸는지 모르겠다. 그래서 많이 싸우며 살았다. 싸울 일도 아닌 것이 싸움이 되고, 다음 싸움거리를 만드는 악순환이 이어졌다. 개선점을 찾자는 내 말을 그는 시종일관 듣고만 있다가 말 없이 밖으로 나간다. 그리고 얼마 후 집으로 들어오면 그만이다. 그러는 동안 금성인의 화는 빵처럼 부푼다. 수면스타일이 다른 두 사람은 자동으로 각방거처에 들어가고 그날이 그날 같은 나날이 이어졌다. 화성에서 온 인간들의 성향이 그렇다는 걸 나중에야 알았다.

"말 좀 하면서 삽시다."

"……"

말을 잊어버렸나. 부부는 가까워서 무촌이다가 마음이 멀어지면 자동 무촌이 된다.

타인과 한 식탁에서 밥을 먹고, 한 공간에 있다는 게 불편해지기 시작했다. 나는 밥을 차려주는 로봇이 아니다. 살림해주는 집사도 아니다. 주변에서 준비 없이 배우자를 떠나보내고 후회하는 사람들을 더러 보았다. 좋은 기억만 떠오른다고 한다. 그런 말을 들으면 우리도 죽어서 화해하게 되겠구나하는 생각이 들었다.

엄마가 돌아가시고도 한동안 힘든 시간을 보내며 많이 울었다. 잘해드리지 못한 후회 때문이었다. 내일이 먼저 올지 내세가 먼저 올지 아무도 모르지 않은가.

시간이 흐를수록 이렇게 살아서는 안 되겠다는 마음이 절실해져갔다. 우리 사랑해서 결혼했고, 참으로 열심히 살아오지 않았나. 나는 버킷 리스트의 순위를 정했다.

발표한 글을 엮는 일. 언젠가는 하게 되겠지만, 설사 하지 않더라도 아쉬울 건 없다. 내 글이 아니어도, 내 책이 아니어도 세상엔 명문을 담은 책이 수두룩하다.

그의 누님을 도와드리는 일.

“사랑해! 내 동생한테 잘해줘서 고마워.”하는 칭찬으로 나를 부끄럽게 하는 분이다. 내가 그에게 잘하고 있다면 우리가 이런 꼴로 살고 있을까. 그 분이 어떻게 살았는지, 내가 어떻게 살아냈는지 가까이 살던 우리는 서로 잘 안다. 진주에서 삼척으로 이사 올 때 섭섭하다며 눈물을 흘리던 시누님을 나는 줄곧 언니라 부른다.

보내드렸다. 16년 간 타던 자동차를 폐차한 이후 단순 생활자로 살아가는 내가 큰맘 먹은. 그에게는 내 소망의 본때를 보여 줄 금액이었다.

그와 잘 지내는 일. 엄중한 문제였다. 목구멍에 박힌 가시처럼 불편해 꼭 빼내고 싶어 화두처럼 매달렸다. 어떻게 하려느냐고, 왜 그러느냐고 사는 대로 살다가 가는 거지 유별나다는 것이다. 그 사람은 물론 세상이 벽처럼 느껴졌다. 누구는 비웃었다. 타고난 성격을 바꾸려 하느냐고. 누구는 이

생에서 자기는 글렀다고 했다. 나는 있는지 확실하지도 않은 다음 생으로 숙제를 미루고 싶지 않았다.

당신과 나. 하늘이 우리에게 허락한 시간까지 진정한 부부의 얼굴로 살다가 가자. 회한을 남기지 않을 삶. 언제 누가 먼저 가게 되더라도 잘살았다고, 고마웠다고 진정으로 말할 수 있도록 그렇게 살자.

그도 노력하는 모습이 역역했지만 진도가 꽤 나갔다 싶으면 여지 없이 되돌이표와 관성이 발목을 잡았다. 우리는 미련한 것으로는 천상배필이다.

시간이 꽤 걸렸지만 있을 것 같지 않던 끝이 보였다. 우리는 드디어 파란만장한 항해를 마친다. 이제 질곡으로 되돌아갈 일은 없을 것이다. 어떻게 달라졌느냐고 묻는다면 말로 할 수 없다. 글로도 표현할 수 없다. 불립문자!

가로막고 있던 벽, 걸림이 사라진 편안함을 느낀다.

고마워요 당신.

> 누구는 태어날 때부터 알고, 누구는 공부해서 알고, 누구는 노력해서 안다. 그러나 이루어지면 매 한가지다.
>
> -중용-

염주라 쓰고 엄마라 부른다.

엄마가 그리울 때면 조용히 염주를 굴립니다. 아궁이에서 잔솔가지가 탈 때도 이런 소리가 났었죠, 추운 날 새벽, 아궁이에 불을 때며 '곧 따뜻해질 거야'하던 엄마를 염주 굴리는 소리에서 느낍니다.

어느 해 당신은 보리수 열매 한 바구니를 주워와 염주를 만드셨죠. 씻고 다듬어 실에 꿰는 과정도 공력이라고 하셨어요. 부처님도 인간번뇌 백팔이라 절가에서도 백팔염주인데 엄마 염주는 어이 그리 길답니까. 1,080개를 한 줄에 꿰어 이리저리 돌려보며 매우 흡족해하셨죠. 불심과 욕심이 빚어낸 대작이었지요.

새벽녘 머리맡에서 달그락거리며 체인처럼 돌아가던 염주와 기도소리를 기억합니다. 형제간 우애 변치 말고, 건강하게 해달라는 세상 엄마들의 공통된 염원이었지요. 숲에 이는 바람소리가 가지 많은 나무의 기도 소리처럼 들립니다. 늘 그렇게 바람 잘날 없이 출렁거렸던 엄마의 바다였지요.

어느 날 찾아뵌 제게 대작 염주에서 108개를 덜어내 투박한 무명실에 꿰어 주셨어요. 수천수만 번 엄마 손길이 배어있어서일까요. 손에 그러 잡고 가슴에 안으면 마음이 한 없이 편안하고 따뜻해집니다. 저의 별난 성정을 알고 말 없이 건네주신 연꽃 한 송이인 줄 몰라본 회한이 밀려옵니다.

가시기 며칠 전 엄마!하고 부르자 잠깐 눈을 뜨며 천진난만한 미소를 지으셨지요. 아기처럼 선한 표정을 잊을 수 없어요. 저희가 부르는 마지막 대답을 미소로 하시다니요. 그 염화미소의 뜻을, 염주를 주신 마음을 이제야 어렴풋이 알 것도 같습니다. 욕심 내지 말고 순리대로 살라는 말씀이겠지요.

염주 한 알마다 엄마를 연호합니다. 미소로 대답해주시는 엄마!

人名은 在天

숙부님이 팔순을 맞으셨다. 우리 집안의 단명 콤플렉스를 보기 좋게 날려버리셨다.

할아버지는 50대 중반, 아버지는 50대 초반에 돌아가셨다. 할머니들은 더 조졸하셨다.

삼대 홀아비 집안으로 시집온 엄마는 네 살이던 시동생과 초등학교 다니는 시누이들, 삼년 터울로 태어나는 자식들, 시어른들 봉양하며 눈코 뜰 새 없이 바쁘게 사셨다.

그러던 어느 날, 저승사자로 보이는 이가 꿈에 나타나 곧 데리러올 거라는 꿈을 꾼다. 홀아비 집안에 시집온 업보인가보다. 올 것이 왔구나.

담담한 마음으로 엄마는 그때부터 비단에 치자와 쪽으로 물을 들여 수의를 준비한다. 대대로 대마를 길러온 집안이라 삼베가 흔했지만 화사하고 부드러운 게 좋아 원단, 색상, 디자인, 바느질까지 총괄 완성한다. 어린 새끼들 재워놓고 한 땀 한 땀 매듭도, 주머니도 없는 수의를 만들었을 엄마! 요절했다고 아무렇게나 입혀 보낼까봐 그리했다 한다.

미리 만든 수의가 액막이였는지 엄마는 고종명하셨다. 20대에 지은 수의는 전쟁 때 피난 갔다와보니 더 북쪽에서 내려온 난민들이 장롱을 뒤져서 가져가버린다. 준비성 많은 엄마가 취향대로 다시 준비해놓은 것은 하 많은 세월이 지나다보니 변질되어 장례업체의 권고에 따라 껄끄러워서 싫다하셨던 삼베수의를 입고 가셨다. 언젠가 수의 보퉁이를 펼쳐놓고 이렇게 저렇게 입히라고 내게 알려주셨는데 들어드리지 못해 장례식 때 많이 울었다.

가까이 사는 바람에 엄마 살아온 얘기를 많이 들었다. 총기 좋고, 언변 좋은 집성촌의 6대 종부 이야기는 소설 이상이었다. 혼자 듣기 아까워 녹음하며 들은 적도 있다. 엄마 배움이 웬만했으면 그 문재와 감성으로 외할아버지가 항렬을 따라 멋지게 지어준 이름(高光顯(고광현))을 천하에 드러냈을지도 모르는데 이 무궁한 스토리를 나에게 넘겨주고 가셨다. 내가 맹탕이라서 풀어 내지 못하고 숙부님에 관한 이야기 한 토막을 전하고자 한다.

숙부는 직장에서 〈안전관리책임자〉로 평생 일했던 분이다. 샐러리맨으로 '둘만 낳아 잘 기르자'던 시대에 눈치 보며

6녀 2남을 낳아 반듯하게 길러내 인구절벽 시대에 애국자로 거듭 나섰다. 술, 담배는 물론 길이 아니면 가지 않는 자기관리의 철저함이 장수의 비결이겠지만 세상이 필요로 하는 사람인 줄 알고 하늘이 지켜준 거라는 생각이 든다.

6·25전쟁 때 학생이던 숙부는 어느 날 집에 돌아와 보니 텅 빈 집에 홀로 소가 울고 있었다. 동네도 쥐 죽은 듯 조용한 게 이상하다 싶었지만 우선 배고파 우는 소를 끌고 방죽으로 나가 풀을 먹인다. 종일 굶었던 소가 허겁지겁 풀을 뜯고 있을 때 난데없는 총소리와 함께 소가 눈앞에서 픽 쓰러진다.

뒷산에 인민군이 나타나 주민소개 명령이 떨어져 집에 오면 곧바로 어디어디로 오라는 메모를 붙여놓았는데 울고 있는 소에게 달려가느라 보지 못했던 것이다. 소개령이 떨어진 마을에서 태평스레 소를 먹이는 사람은 인민군과 한패일 거라며 숙부를 겨냥하고 쏜 총에 소가 맞은 것이다.

기르던 소가 죽는 일은 식구 중 누군가 죽을 운수를 대신한다는 속설이 있다. 얼마나 소중했으면 소 보험이 우리나라에 제일 먼저 생겼고, 바둑 도둑이 소도둑 된다는 속담이 있을까. 전쟁 났으니 배고파도 울지 말라고 일렀어도 '소귀에 경 읽기'였을 터이지만 우리 소는 풀밭에서 그대로 죽고 말았다. 그날 저녁을 먹으며 아버지는 왜 소는 끌고 나갔느냐고 숙부를 나무라자 소가 죽었기 망정이지 삼촌이 어떻게 됐으면 우리가 지금 밥을 먹고 있겠느냐, 천운이라고 엄마가 말했다고 한다.

한편 전쟁이 나자 할아버지는 손자를 데리고 2년 전에 떠나온 하장면 남씨 집성촌으로 들어가신다. 살던 집도 있고, 오지이니 인민군이 들어오지 않을 안전지대로 생각한 것이다.

그런데 태백산맥을 타고 내려오는 인민군의 통로여서 할아버지보다 먼저 와있더라고 한다. 섶을 지고 불 속으로 뛰어든 격으로 강제 부역에 동원되고 최고의 자산을 수탈당할 위기에 처한다.

어느날 집에 있는 소를 끌고 오라고해 이동하는 부대를 따라 가는 중이었다. 끌려가는 소만 제 운명을 모를 뿐 인민군 병사들은 푸짐한 저녁을 상상하며 군침을 흘렸을 것이다. 그런데 얼마쯤 가던 소가 갑자기 미친 듯이 날뛰기 시작하더니 마을 쪽을 향해 달아나는 돌발 상황이 벌어진다. 목적지에 도착하기 전에 죽여 봤자 운반할 수 없으니 내버려 둘 수밖에 없어 소도 살고 할아버지도 살아온 것이다.

근처에 페르몬을 발산하는 소가 있었기 망정이다. 배고픈 소는 총 맞아 죽고, 발정 난 소는 죽으러가다가 살아 돌아온

전쟁 중에 일어난 허풍 같은 실화이다.

세계 70억 인구 중 숙부님은 우리와 세 번째 촌수, 삼촌이다. 어렸을 때는 ‘잔 아버지’라고 불렀다. 군복무하실 때 휴가 오시면 조카들을 나란히 줄 세우고 건빵을 나눠주셨다.

“자아, 언니들은 몇 개 더 준다.”

“안돼요. 잔 아버지! 똑같이 주세요. 동생도 빨리 커야지요.”

아무래도 그때 건빵을 똑같이 나눠주셨나 보다. 언니들과 같이 늙어가고 있다.

숙부님 건안하시기를 기원한다.

다행, 천만다행

재수 없으면 접시 물에 빠져죽을 수 있다더니 딱 그 꼴이었다. 골목에서 후진해 나오던 자동차가 인도에 서있던 남편을 뒤에서 들이받은 것이다. 사고를 낼 장소도 아니었고, 사고를 당할 위치도 아니었다. 엎어지는 바람에 복합골절상을 입은 손목은 졸지에 꺾인 나뭇가지 꼴이 되었다.

의사는 부러진 뼈 조각을 맞추느라, 환자는 고통을 참느라, 사고를 낸 사람은 당황하여 Y병원 공기는 진땀으로 한동안 축축했다. 의사는 깁스를 한 후 며칠 동안 경과를 지켜보자고 했다. 놀러갔던 우리는 환자와 보호자가 되어 집으로 돌아왔다.

사고의 전말을 들은 지인들은 그만하기 다행이라고 입을 모았다. 다행의 조건이 옹색하지만 '엎친 데 덮치기'라도 했으면 어쩔 뻔 했나. 한쪽 팔이 무사하여 다행이고. 많이 쓰는 오른손이 아닌 것도 다행이다. 그러나 며칠 후 더 이상 다행은 허락하지 않겠다는 듯 결과는 좋지 않았다.

하여 가까운 대학병원에 입원해 수술을 받기로 했다. 금속편으로 부서진 뼈를 고정시키는 비교적 간단한 수술이다. 그런데 문제는 다른데서 불거졌다.

"혈액 응고 성분이 많이 부족합니다. 이 수치로는 수술할 수 없어요."

의사는 평소에 피부에 멍이 잘 드는지, 양치질할 때 출혈이 없는지, 상처가 났을 때 피가 잘 멎는지를 물었다. 원인을 찾아봐야겠지만 이런 기회에 중요한 걸 알게 되었으니 다행이라는 말을 남기고 돌아갔다. 다행이라니.

남편은 그 즉시 3파인트의 성분 수혈을 받았다. 혈소판 수치가 정상으로 돌아오면 그날로 수술할 예정이었으나 언 발에 오줌 눈 듯 조금 올랐다가 다시 떨어졌다. 이튿날 4파인트를 맞았다. 이제부터 매일 맞아야 할 혈액을 확보하는 것이 문제이지 팔목골절은 중차대한 혈소판부족에 비하면 아무것도 아니었다.

〈1mm^{3}당 2만 개 이하면 혈관이 손상되지 않아도 출혈이 일어날 수 있다. 특히 위장관과 중추신경계 출혈이 심하게 나타난다. 유전적인 요인, 조절기전 이상, 대사장애, 약, 화학물질에 노출되었을 때, 거대적아구성빈혈·백혈병·조직구 증식증과 같은 혈액질병이나 간염·후천성면역결핍증, 자가면역질환이 있을 때. 생성이 줄거나 파괴, 소모량이 증가한 경우, 다량의 혈소판이 혈관 밖으로 빠져나오는 경우에도 발생한다.〉

출처 - ○○○

답답해 찾아본 정보가 오히려 불안감만 증폭시켰다. 건강하던 남편은 갑자기 유리처럼 조심스럽게 다루어야할 사람이 되었다. 그동안 함부로 대했던 것이 미안하고, 그랬음에도 아무 일 없었던 것이 천만다행이다.

나는 유리인간의 저주에서 남편을 구할 방도를 고심하며 집으로 돌아와 보험증서를 챙겼다. 보장받을 수 있는 항목이 있다면 불행 중 다행일 것이었다.

다음날 검사결과는 무슨 일이 일어나지 않은 것이 이상할 정도였다. 나는 양치질하러가는 남편이 침대모서리에 부딪칠까봐 조심조심, 칫솔질로 미세혈관이 다칠까봐 살살하라고 살살 말했다. 그리고 간호사실에 달려가 주문해놓았다던 혈액은 왜 아직 놔주지 않느냐고 거듭 재촉했다. 오고 있는 중이라며 설사 응급상황이 발생하더라도 있는 곳이 병원이니 너무 걱정하지 말란다. 남의 일이라고 저리 느긋할까.

사고가 나던 날은 만우절이었다. 거짓이었으면, 꿈이었으면 얼마나 좋을까. 날마다 남의 혈액을 맞고 있는 남편은 기분이 참 묘하다며 풀이 죽어있다. 나는 위로랍시고 이제껏 탈 없이 살았는데 손목 다쳤다고 갑자기 이상이 왔겠냐며 애써 태연한 척 말했다.

말의 씨가 다행을 부르는 주문이었을까. 정밀검사결과 혈소판이 덩어리 형태여서 수치만 낮을 뿐 기능에는 문제가 없는 특이체질이라고 한다. 애초에 멍이 잘 들거나 피가 잘 멎는지 물었을 때 괜찮다고 했음에도 수치에만 의존하다 일어난 해프닝이었다. 진즉 그런 검사를 했으면 수혈은 물론 그간의 마음고생도 하지 않았을 걸.

그래도 의사는 얼마나 다행이냐고 말한다. 우여곡절은 겪었지만 정말 다행이다.

지금도 건강검진 결과도 나오기 전에 혈소판이 많이 부족하니 어서 병원에 가보라는 친절한 전화를 받고는 한다.

라인강은 흐른다

독일에 가다 - 2015년 6월 18일

뮌헨 행 비행기에 올랐다. 간호학교 동문의 초청을 받은 몇 년 전부터 벼르기만 하다가 친구 두 명과 함께 드디어 출발한다. 독일 동문회에도 참석할 예정이다.

김, 인삼차, 멸치, 도토리가루, 김치, 두릅, 젓갈, 장아찌, 팥떡, 쑥떡, 콩떡…… 40kg씩의 화물한도를 겨우 맞췄다.

메르스로 온 나라가 어수선하다. 기침만 해도 신경이 곤두서는 때라 우리가 가는 걸 달가워하지 않을까 망설이자 의사 ○○명, 간호사 ○○명이 대기하고 있으니 걱정 말라고 해 마음 편히 간다.

뮌헨에서 환승해 하노버 공항에 내리니 순복이 흑장미를 들고 기다리다가 반갑게 맞아준다. 흠흠…… 도발적인 짙은 색과 향기에 피로가 싹 날아간다. 동문들과 의논해가며 일정을 짜주고, 자신의 집을 베이스캠프로 내준 일 년 후배다. 얼마만인가. 기숙사에서 한솥밥을 먹은 인연으로 이국에서 이렇게 만난다. 한국은 하지를 앞둔 여름, 이곳은 장미꽃이 한창인 봄이다. 내가 좋아하는 계절을 미세먼지 없는 하늘에서 다시 맞는 기분이라니!

아우토반을 30여 분, 가로수 정연한 국도를 30여 분 달렸을 즈음 길가에 전통 목조 가옥들이 나타났다. 격자무늬 기둥과 독특한 창문이 배열된 고택들이 중세 마을 같은 묘한 분위기를 풍긴다. 얼마 지나지 않아 벽안의 기사가 따뜻하게 맞아주는 후배의 집에 도착했다. 닥터 프레이셔 롤프, 후배의 남편이다. 그는 부피 크고 무겁기도 한 세 사람 짐을 번쩍 번쩍 들어서 3층으로 올리며 우리는 손도 못 대게 한다. 천하장사와 중세기사가 현신 한 것 같다. 지구 반 바퀴를 날아와 니더작센 주 코펜브류게의 200년 된 고택에 짐을 풀었다. 천창天窓으로 환한 밤이 내린다.

동화 속으로 - 2015년 6월 19일

밤에 보았던 무채색 정원이 햇살을 받아 눈부시다. 넓은 잔디와 장미꽃, 보리수가 피고 새들이 재잘거리는 창밖으로 태극기가 보인다. 하도 높이 걸려있어 한국 손님이 왔다는 걸 동네 사람들이 다 알겠다.

어젯밤 둘러본 곳인데 집 구조에 익숙하지 못한 탓에 2층 다이닝룸을 찾느라 조금 헤맨다. 테이블에 치즈와 살라미, 소시지, 잼, 과일, 샐러드, 브뢰첸이 바구니에 가득 담겨있

다. 롤프는 태극기를 게양한 후 아침에 갓 구운 빵을 사다놓고 출근했다고 한다. '롤 서방의 처갓집 말뚝' 대접을 받는데 고무되어 아침부터 맛있는 빵을 빵빵하게 먹었다.

1층에 거주하시는 순복 시어머니께 인사를 드리려고 내려갔더니 신문을 읽고 계시다가 반갑게 맞아주신다. 흰 피부에 키가 크고 허리도 꼿꼿하신 서양할머니를 이렇게 가까이 뵙기 처음이다. 젊을 때 미인이셨을 다정다감한 인상이시다.

남매가 가끔 온다지만 본채와 별채를 합친 집이 어릴 때 내가 다닌 초등학교만 하다. 별채는 농가 부속건물이던 것을 외양은 중세풍으로, 내부는 파티장과 Home Bar가 꾸며

있다. 어젯밤 롤프가 환영연을 열어준 곳으로 밀밭만 봐도 취하는 내가 기함할 만큼 많은 술이 진열되어있었다.

정원과 후원을 돌아본 후 마을을 보여주겠다기에 따라나섰다. 독일 지형은 알프스산맥에 가까운 남쪽으로는 지대가 높고 북으로 갈수록 평원이다. 이곳은 해발 300m 전후 지역으로 완만한 언덕을 올라가자 눈앞에 목가적인 전원풍경이 펼쳐졌다. 지나가는 자동차와 목초지에서 풀을 뜯는 말의 움직임이 있을 뿐 조용하고 평화스러운 마을이었다. 구릉을 넘어가자 고사리가 키 높이로 자라 길을 막는다. 초식동물도 안 먹는 독초로 분류되지만 자연의 균형을 위해 함부로 채취하지 못한다고 한다. 고사리 필 때 축제 열리는 곳이 있고, 대대로 식용해온 우리나라에 고사리가 멸종하지 않았는데 무슨 이론인지 모르겠다.

독일은 금요일 오후부터 주말이 시작되어 롤프는 일찍 퇴근하고, 내 오랜 친구 안이 남편과 왔다. 내과 의사인 안의 남편, 라이너와 첫 인사를 나누었다.

우리는 고사리가 들어간 육개장으로 점심을 먹는데 롤프와 라이너는 한식에 관심이 별로 없는 듯. 뭘 드셨는지 모르겠다. 그런데 말씀이 저리 많으시다. 오랜만에 만난 우리는 정작 조용히 대화하는데 두 분은 수다 수준이다. 말없는 경상도 남자랑 살다보니 하도 신기해 친구에게 물으니 의사들의 관심사와 정원 가꾸는 정보를 주고받고 있는 중이란다. 이럴 때 나는 관광객 모드가 된다.

팀멘도르프에서 동문의 정을 나누다 - 2015년 6월 20일

어제 독일동문회에 참석하기 위해 안 부부와 북해 연안의 휴양도시 팀멘도르프에 왔다. 숙자언니, 귀순은 부부동반, 호순은 혼자 왔다. 남편들은 어딘가에서 혼자 개별적인 시간을 보내다가 끝날 때쯤 나타난다고 한다.

처음 만나는 후배들이 많지만 몇 년 전 온라인 카페가 개설되어 소식을 주고받아왔기에 금방 친해졌다. 간호사로 왔다가 유럽(거의 독일)에 정착한 70여 명 중 이번에는 장소가 외져서 적게 온 반면 한국에서 우리가 처음 참가했다. 동문회는 매년 6월 셋째 주말에 열린다고 한다.

여독으로 힘들었지만 자기소개를 할 때 숙연한 마음이 들어 자리를 뜰 수 없었다. 스스로 운명의 물꼬를 바꾼 개척자, 한강의 기적을 이루는 데 초석을 놓은 애국자들이다. 저마다 걸어온 여정이 대하소설감이다.

팀멘도르프는 동바다(Ost Sea) 연안의 유명 휴양지로 단지처럼 우묵한 지형을 따라 해안에 멋진 리조트와 예쁜 건물들이 늘어있다. 파도가 넘실거리는 바다. 우리는 바다를 처음 보는 것처럼 투명한 물빛에 신기해하고 북해에서 불어오는 강한 바람을 시비하며 길거리 공연을 보고, 미술관도 기웃거리다가 바닷가에서 맥주도 마셨다. 주말이어서 인파로 북적였고, 여러 축제가 열려 볼거리도 풍성하다. 저녁 일정이 있지만 너무 피곤해서, 정말 피곤해서 양해를 구한 뒤 우리 셋은 일찍 방으로 돌아왔다.

뤼베크-보리수 그늘을 걷다-2015년 6월 21일

일찍 바닷가에 나가니 해산물 가게들이 문을 열고 생선을 스테이크용으로 손질하고 있다. 대구, 넙치 등 북해에서 갓 잡아온 것으로 살을 저미고 남은 부산물은 버린다고 한다. 맑게 끓인 지리와 밥이 그립다.

단체사진을 찍은 후, 몇 동문들과 며칠 안에 다시 만나기로 하고 헤어졌다. 오늘은 안 부부가 이곳에서 멀지 않은 뤼베크로 안내하겠다고 한다. 400여 년간 부와 권력이 집중되었던 한자동맹의 중심도시다. 유럽 역사에 등장하는 건축양식이 망라돼있는 곳으로 로마네스크 양식의 성문에서부터 비범함이 느껴진다. 랜드 마크인 홀스텐 성문은 지반이 약해 조금 기울어진 모습조차 멋으로 보인다.

강과 운하에 둘러싸인 도심은 물위에 떠있는 나뭇잎 모양배 같다. 동서 1km, 남북 2km에 불과한 자그마한 섬이 소금 물류의 중심이었다니 땅도 팔자가 있다는 말이다. 트라베 강 상류에서 생산되는 뤼네부르크 산 소금이 북해로 나가는 길목이었던 거다. 보관하던 창고도 견고하게 지어 몇 백 년 세월에도 건재하다. 소금이 백금처럼 귀하게 취급되던 때였으니 소금창고가 귀중품 보관소였던 셈이다.

첨탑이 솟은 교회와 성당, 시대마다 유행하는 양식으로 증축하고 개축해 '죽기 전에 보아야할 100대 건축물'에 드는 시청사의 부분마다 다른 모습을 눈여겨본다. 지붕 물매가 가파른 것은 눈이 많이 내리는 지역의 특성이다.

일요일이어서 문을 닫은 가게들이 많은데 마치판과 초콜릿으로 유명한 니더에게는 관광객으로 붐빈다. 예술품 같은 초콜릿 매장과 관광 코스가 된 과자 만드는 과정을 구경한 후 토마스 만과 하인리히 만 형제의 기념관 부덴부로크 하우스로 간다.

토마스 만은 곡물상으로 부를 일군 아버지대의 생활상과 일가의 몰락을 그린 〈부덴부로크 가의 사람들〉로 노벨문학상을 받았다. 20대에 쓴 자전소설이다.

기념관을 돌아보고 나니 지루한 문체 때문에 고생했던 〈마의 산〉과 〈토니어 브뢰거〉를 다시 읽는다면 지루해하지 않을 자신이 생겼다. 글은 말의 부호. 작가는 글로 말한다. 대전을 두 번이나 겪으며 시대와 불화했던 그는 오랫동안 고향을 찾지 않았다.

성문에 라틴어로 새겨있는 CONCORDIA DOMI, PORIS FAX의 뜻은 '안으로 화합. 밖으로는 평화'다. 뤼베크 출신인 빌리 브란트는 동서독이 화합하는 기틀을 닦은 공로로 노벨평화상을 받았다. 화합과 평화가 얼마나 이루기 어려운 과제인지 역사는 매순간 우리에게 다양한 방법으로 보여주

고 있다.

성문을 나와 주차장으로 가는 길 양편에 꽃이 만발한 보리수가 늘어서 있어 걸어가며 꿈을 꾸는 것 같다.

-성문 앞 우물 옆에 서있는 보리수. 나는 그 그늘
아래서 단꿈을 꾸었네.-

슈베르트의 〈겨울 나그네〉를 생각하며 걷는다.

함부르크-물의 도시 / 2015년 6월 22일

독일 최대 항구이자 베를린 다음으로 큰 도시인 함부르크에 왔다. 음악, 미술, 건축 등 종합 예술과 상공업이 발달한 도시로 부자들이 많아 함부로 돈 자랑 하지 말라는 곳이다. 안 부부의 인솔로 한 해 선배인 숙자언니를 만난다.

언니는 공원이 보이는 아파트(펜트하우스)를 예쁘게 꾸며놓고 여유롭게 살고 있다. 윤택해 보였다. 테라스에 핀 제라늄이 예쁘고, 화분에서 자라는 라일락과 은행나무도 실하다. 유럽의 격조 높은 풍경 중 하나가 테라스나 창가에 핀 제라늄이다.

롤란드 형부는 부드러운 인상의 구척장신으로 서울에 오

면 해물파전 집 앉은뱅이 테이블 옆으로 긴 다리를 요령껏 뻗고 유쾌하게 막걸리를 마시는 털털한 분이다.

언니는 털실옷 가게를 운영했었다. 대량생산에 식상한 유럽인들이 개성 있는 수제품을 좋아해 단골이 많았다고 한다. 꼼꼼한 성격에 눈썰미까지 타고난 재주꾼으로 지금도 마음 내키면 실을 고르는 진정한 뜨개 애호가이다. 틈틈이 짠 옷을 장롱 속에 가지런히 넣어둔 모습이 뜨개질 달인, 정리정돈의 달인 같다.

언니가 화사한 양모 스웨터 두 장을 선물로 주었다. 한 장 무게가 100g으로 새털처럼 가볍다. 세사細絲로 짜느라 얼마나 많은 시간과 공력이 들었을까. 날개옷을 얻은 것 같아 어디로든 날아갈 것처럼 기쁘다. '한 코도 틀리지 않게 짠 세상에 하나 밖에 없는 옷'이라는 언니 말을 새기며 한 코라도 다칠세라 여행 가방 속에 고이 넣는다.

주차장에 차를 두고 일곱 명이 전철을 타고 시내로 나갔다. 크라머암츠보눙겐(발음하기 참 어렵다)은 2차 대전 때 폭격에서 유일하게 남은 17세기 건물로 안마당을 사이에 두고 양쪽으로 큰 상자를 포개놓은 것 같은 작은 집이 늘어있다. 너무 작아서 포격의 대상에서 자동 탈락해 표적이 되지 않았을 것 같다. 한자무역시대 때 해난사고로 과부가 된 여인들을 위해 부자들이 제공한 집이었다고 한다. 인심 쓰는 김에 조금 더 쓰지 난장이들이 살았나 싶을 만큼 천정이 낮고 방이 좁다. 바로 옆에 있는 성 미하엘리스 교회와 시청사의 높은 첨탑과 대조되는 골목이다.

교회 전망대에서 발아래 펼쳐있는 도시를 내려다보았다. 북해와 합수하며 강인지 바다인지 분간할 수 없는 엘베강과 넓은 호수 사이사이에 도시가 비집고 들어있는 듯하다.

교회 전망대에서 내려와 시청사투어를 기다리는 동안 길가 어느 카페(?)에 앉아 오이, 당근, 파프리카를 체면불구하고 된장에 마구 찍어먹었다. 기름 진 음식에 힘들어하는 줄 안 언니가 준비해온 것으로 며칠째 부글거리던 속이 가라앉으며 개운해진다. 뽀빠이처럼 힘이 불끈 솟는다. 송충이에게 솔잎, 누에는 뽕잎이 최고다.

네오르네상스식 시청사의

청록색 지붕과 외관 장식은 너무나 화려하고 정교하다. 버킹엄 궁보다 많다는 방 647개를 다 보여준다고 해도 사양하겠지만 역사적으로 중요하고 의미 있는 방만 보는데도 30분 넘게 걸린다. 천정과 벽면 그림, 창연한 샹들리에와 집기들이 영화로웠던 시대를 증명하고도 남을 만하다.

'여긴 유럽에서 가장 오래된 증권거래소, 여긴 상공회의소 회의가 열렸던 방, 한자시대 시의회 방'이라는 가이드의 말이 끝나기 무섭게 귀를 쫑긋 세우고 듣던 언니가 얼른 우리에게 통역해준다. 반세가 가까운 세월이 흘렀어도 학교 다닐 때 모습이 그대로 드러난다.

점심 후 파터노스터를 보러가자는 라이너의 제안으로 Laeisz빌딩을 물어물어 찾아갔다. 1864년 등장한 엘리베이터의 원형으로 서지도 않고 한 방향으로만 돌아가는 동안 탈 사람은 타고 내릴 사람은 내리면 되는 단순한 기계다.

우리도 두 명씩 놀이기구 같은 직사각형 상자에 올라 10층을 돌아내려오며 층마다 일하는 사람들을 내다보았다. 120여 년 전 사람들은 신제품에 대한 호기심으로, 우리는 구제품에 대한 호기심으로 타보는 것이다. 관리인도 없이 아무나 와서 타도 제재하는 사람도 없는 게 신기하다.

Laeisz빌딩을 나와 유람선을 타기 위해 선착장으로 가는 동안 날씨가 심상치 않다. 바람까지 불어 옷 속으로 한기가 파고들었다. 양모 스웨터를 선물 받으며 앞으로 추울 일은 없을 거라고 흥분했는데 입어야 따뜻하지 생각만 해서는 따뜻하지 않다는 걸 서너 시간 안에 확인시키다니 가혹하다. 자동차 속에 두고 왔으니 도리 없다. 내가 떠는 꼬라지를 보다 못해 아침에 숙소에서 함부르크 날씨를 검색한 안이 가볍게 입어도 될 날씨라고 알려준 죄로 라이너가 입은 두툼한 외투를 빌려서 내게 준다. 나는 체면 불구하고 덥석 받아 입을 수밖에 없는 형편이다. 갑상선 기능저하로 체온조절이 불량해 외출 할 때 꼭 여벌옷을 가지고 다니는데 독일 날씨를

너무 몰라 친구 남편의 외투까지 벗게 하다니 너무 미안하다. 자루 뒤집어 쓴 것처럼 큰옷을 입은 우스운 꼴로 'I'm you'라고 하자 유쾌하게 웃으며 그 자리에서 추억에 남을 사진까지 찍었다. 그런데 건강한 라이너는 두꺼운 옷을 가지고 다닌다? 여름에도 외투가 필요할 때가 있다더니

오늘이 그런 날인가 보았다. 선착장을 100여 미터 앞두고 비가 쏟아지기 시작해 달리기까지 시킨 고약한 날씨였다.

함부르크는 2,500여 개의 교각이 떠받치고 있는 물의 도시. 독일의 베니스라고들 한다. 운하를 지날 때 건물 안에 있는 사람들의 목소리가 들릴 듯 폭이 좁은 수로를 유람선은 유영하듯 지나간다. 운하가 도로였으니 도로 옆에 건물이 있는 것이다.

하류로 나가자 수많은 배와 타워크레인이 우후죽순처럼 솟아 있다. 그 속에 눈에 익은 우리나라 선사의 이름도 보인다.

유람선을 타고 바라보는 풍경과 전망대에서 내려다보는 풍경이 이렇게 다르다니 어제 뤼베크 시청사가 세상에서 가장 아름답다고 했던 생각이 흔들린다. 세상에서 가장 아름다운 시청사는 독일에서는 도시마다 있을 것 같다.

선착장에 돌아올 때쯤 날씨가 개었는데 라이너가 갑자기 재채기를 한다. 놀라서 외투를 얼른 돌려주었다. 그 외투 아니었으면 구경이고 뭐고 얼어 죽었을 것 같은데 내가 하도 미안해하니까 괜찮다고 하는데 괜찮지 않으면 어쩌나 걱정된다.

숙자언니, 롤란드 형부에게 감사드리며 서울에 오시면 은혜에 보답하고 싶다. 나흘 만에 순복 집에 돌아오니 자정이 가까웠다. 우리를 내려주고 안 부부는 자동차로 한 시간 거리에 있는 집으로 돌아갔다.

홀딱새가 되다 - 2015년 6월 23일

며칠 만에 순복이 차린 식탁에 둘러앉으니 같은 음식이라도 집에서 먹는 편안함이라니 역시 집 밥이다. 샐러드 재료와 딸기는 금방 밭에서 따온 것이라 신선하고 달다. 50평 남짓한 뒤뜰 이랑에는 감자와 오이, 상추, 부추, 더덕, 들깨, 호박 등등 골고루 심어놓은 야채들이 싱싱하게 자라고 있다.

딸기를 따먹으며 여유롭게 시간을 보내다 푸성귀로 한 상 차려 점심을 먹은 후 소금 온천장으로 간다. 가는 길에 들른 Bad pymont는 돈 있는 사람들이 노년을 보내는 휴양지로 큰 요양시설이 있다. 약수로 유명한 곳이라 한다. 하루하루 우리 앞으로 다가오는 노년, 그 불편한 진실과 대면하며 오늘의 소중함을 느낀다.

뜨거운 노천온천에 몸을 담그니 집에서 여기까지 오며 쌓인 여독이 눈 녹듯 풀린다. 숲의 정기와 따뜻한 햇볕, 소금물, 산들바람 속에 모처럼의 망중한을 물속에서 즐긴다. 그런 걸 감안하며 깨알 같이 일정을 짠 순복이 내친김에 오로지 용기勇氣만을 지참하면 된다는 사우나에 들어가 보자고 제안한다.

넓지 않은 공간에 여남은 명이 조각상처럼 앉아있었다. 특별할 것도 없는, 말 그대로 숲속에 있는 통나무 사우나 시설이다. 남녀칠세부동석을 말하던 우리 선조님들이 아시면 벌떡 일어나실까봐 조용히 앉아 조용히 땀 빼다가 조용하게 나왔다. 길에서 거시기를 덜렁거리며 들어오는 아담을 만났지만 피차 사과를 먹지 않은 전생 인류처럼 자연스럽게 지나친다. 혹한기에 뜨겁게 달군 돌에 물을 끼얹으며 사우나를 함께 즐겼던 북유럽(핀란드?) 문화인가. 나체주의가 태동한 독일에서는 별일도 아닌 것이 우리에겐 특별체험이다. 여러 이유로 땀 빼고 다닌다.

베를린에 가다 - 2015년 6월 24일

일찍 하멜에서 출발하는 시외버스를 타고 2박3일간 베를린 여행을 시작한다. 독일은 대중교통이 편리하고 물가도 유럽에서는 비교적 저렴한 편이다. 반면 비싸서 유감스러웠던 게 중간 기착지인 하노버터미널의 화장실 이용료였다. 1유로나 받는 바람에 7센트 들고 갔다가 자동시스템이라 사정도 못해보고 되돌아왔다.

베를린터미널에서 교민이 운영한다는 〈민박집〉 숙소까지는 걸어서 십여 분 남짓 걸렸다. 우리말이 오가고, 우리 음식을 제공한다는 숙소 3층에 짐을 부려놓고 시내 구경에 나섰다.

전철역에서 순복이 자정까지 이용할 수 있는 네 명 공용 티켓을 사는 훈련을 시켜서 더듬거리는 영어와 손가락까지 사용해 사는데 성공했다. S반, U반, 트램, 버스 환승이 가능

한 것으로 오늘은 구 시가지를 보는 구간을 샀다. 베를린은 45년 전 순복이 독일 생활을 시작했던 곳으로 이국 생활에 적응하느라 숱한 애환을 겪었을 곳이다.

독일은 한 세기에 두 번 전쟁을 일으켜 자국, 타국 모두에게 큰 상처를 입혔다. 1943년 폭격으로 반파된 카이저빌헬름기념교회는 전쟁의 비참함을 후세에 전하기 위해 붕괴된 모습그대로 보존하고 있다. 같은 처지로 사실을 은폐하기에 급급한 일본이 본받았으면 좋으련만. 그런데 전쟁을 일으키고 패망한 독일과 일본은 왜 잘사는 걸까. 포츠담광장에 있는 화려하고 웅장한 소니센터를 보니 더 그런 생각이 든다. 전쟁 전 유럽에서 가장 번화했던 이 일대는 분단 후 쇠퇴했다가 장벽이 철거되며 오락과 쇼핑, 박물관, 도서관, 필하모니 등 문화의 중심지가 되어있다.

한국문화원이 있어 반가운 마음에 들어가니 도서관, 공연장, 전시장, 상영관 있고 휴식 공간도 잘 갖추어져 있다. 볼일도 보고, 정수기에서 물도 받으며 우리나라가 이만큼 살게 된 게 고마웠고, 한인 직원들이 친절하게 대해주어서 더욱 뿌듯했다. 건물 입구에 벽돌 몇 장을 무릎 높이로 쌓아놓은 곳이 있어 유심히 봤더니 장벽이 있던 표식이다. 포츠담광장과 라이프찌히 광장 곳곳에 장벽 기념물이 세워져 있어 옛 동서독 땅을 넘나들며 사진에 담았다.

오는 길에 독일에서 제일 큰 카데베 백화점에 들어가 엄청난 규모의 육가공 식료품점을 구경하며 놀라워라. 베개 같고 방석만한 치즈(1,300여 종)와 소시지(1,200여 종)가 진열되어있는 매장들이 끝이 보이지 않는다. 우리나라에 순대나 뼈를 우려낸 요리가 발달한 것처럼 알뜰한 독일인은 육류의 부산물로 소시지를 만들어냈다.

독일인과 결혼한 동문들이 사는 걸 보면 두 나라 국민성이 알뜰하고 검소하고 부지런한 면에서 비슷한 걸 느꼈다.

운수 좋은 날 - 2015년 6월 25일

날씨가 맑아 상쾌한 아침. 네 명이 나란히 전철역으로 나가 어제보다 조금 익숙하게 티켓을 산다. 포츠담광장 역에서 내려 브란덴부르크 문으로 가는 중 공원 한편에 장벽을 넘다가 희생된 이들의 위령비가 있다.

애잔하다. 통일되기 9개월 전 희생된 21살 젊은이에겐 어떤 말로 위로하며 홀로코스트로 희생된 자들에게 저 추모광장은 무슨 의미가 있을까. 광기어린 역사의 비극을 되풀이

하지 말자는 뜻이리라.

프로이센 제국의 개선문으로 건설된 이래 파란만장한 독일 근대사의 중심, 브란덴부르크 문이다. 네 마리 말과 마차를 끌고 가는 승리의 여신상이 눈에 익숙하다.

2차 대전 때 부서진 것을 1958년 복원한 것으로 과거 동서분단의 상징, 지금은 자유의 상징이자 독일의 랜드 마크다. 남북 분단의 대척점에 있는 판문점에 이런 날이 언제 올까. 이래저래 부럽다.

브란덴부르크 문을 지나 통일 후 가장 활기 있는 거리로 변신한 운터 덴 린덴(보리수 아래) 길을 따라 걸었다. 복잡한 와중에 뒤가 찜찜해 뒤돌아보니 여자 셋이 배낭에 바짝 붙어 따라오고 있다. 독일에서 소매치기가 가장 많은 곳이 베를린이라 한다. 정신일도하고 땀이 날 만큼 부지런히 얼마쯤 걷자 공원에 이르렀다. 오호라! 〈운터 덴 린덴〉이란 지명이 바로 이곳에서 유래했구나.

보리수가 늘어서있다. 때마침 꽃이 피기 시작한 나무 아래 벤치에서 쉬다가 걸어서 박물관 섬까지 갔다. 가는 길에 노벨상수상자를 27명이나 배출했다는 훔볼트대학 앞을 지나며 아인슈타인, 마르크스, 엥겔스 등 유명한 인물들 이름이 새겨진 동판을 들여다보았다. 전쟁으로 쫄딱 망한 독일을 금방 일으켜 세운 힘의 진원지가 바로 여긴가 보다.

다리를 건너면 슈프레 섬이다. BC 3000년경의 고대 이집트 유물부터 현대 회화에 이르는 다양한 컬렉션을 갖춘 박물관이 모여 있는 마태지구로 섬 전체가 세계문화유산이다. 베를린에 다시 온다면 페르가몬과 신박물관에 집중해 보고 싶다. 섬을 다 둘러보려면 하루로도 모자랄 것이다. 웅장한 대성당에 들어가 거룩한 분위기에 압도되어 투병 중인 안을 위해 촛불을 켰다. 스테인드글라스와 천정벽화에 그려있는 성화 속 성자들이 간절한 마음을 받아주실 것 같다.

7,269개 거대한 파이프오르간을 구경하고 출구 표시를 따라가니 석관이 즐비한 지하 묘지로 역한 냄새가 배어있다. 베를린 돔은 원래 궁정 교회 겸 호엔촐레른가의 묘지 용도로 건설해 선제후와 프리드리히 1세의 묘도 이곳에 있다. 전쟁 때 파괴되어 예전의 규모로 복원하지 못했음에도 웅장하고 아름다운 돔에는 여전히 프로이센의 위세가 느껴진다.

이스트사이드 갤러리는 동서독을 갈라놓았던 긴 장벽 중 1.3km가 남아있는 곳이다. 낙서가 법으로 금지된 독일에서 유일하게 낙서가 허용되는 공간이다.

마침 두 청년이 페인트와 스프레이를 펼쳐놓고 그라피티에 열중해 있다. 그리는 과정을 한참동안 지켜보았다. 손놀

림이 얼마나 빠른지 무엇엔가 쫓기는 듯 서두르는 것 같다. 남의 그림 위에 그리고 있으니 내일 또 어떤 그림이 저 위에 그려질지 모른다. 그러고 보니 이스트 갤러리 자체가 영원한 내 것이 없는 우리네 삶과 닮은 것 같다.

많이 걸으며, 많이 보았고, 많이 당황했던 하루였다.

숙소로 돌아올 때 순복이 먼저 탄 전철이 출발해버리는 바람에 국제미아가 될 뻔했다. 윤희가 소매치기를 당할 뻔했고, 영신의 휴대폰이 먹통이 된다. 나는 더워서 재킷을 벗어들고 다니다가 잃어버렸다. 추울까봐 껴입고 나왔다가 함부르크에서 겪은 반대 상황을 맞은 것이다.

순복은 다음 정거장에서 내려 기다리고 있던 우리를 찾아왔고, 영신의 휴대폰도 원상복구. 촉이 좋은 윤희는 핸드백

속에 들어온 소매치기의 손을 잡고 무슨 짓이냐고 호통을 치는 바람에 놀란 도둑의 급 사과까지 받아냈다. 일진이 아주 나쁘지는 않았다.

포츠담 - 독일 통일이 준 선물 / 2015년 6월 26일

일찍 전철을 탔고 어디에선가 환승해 포츠담으로 간다. 가는 길에 꽃이 핀 들판과 바람이 스치는 숲을 보았다. 베를린에서 그리 멀지는 않았지만 그 사이에는 강이 흘렀고, 고요한 호수가 있었다.

순복이 금자언니 집에 간다고 했을 때 왜 가느냐고 물어보지 않았다. 일정을 일임했는데 어디를 가고 누구를 만나든 어련할까 싶었다. 1950년 대 초반 전후 복구를 위해 북한에 파견된 동독 엔지니어의 마음을 사로잡은 미모의 북한 여가수였고, 동 백림에서 살아왔으며 통일 후 우연히 알게 되어 친분을 이어온 사이라는 정도만 알고 있었다. 타국에 뿌리 내리고 살아온 시간은 이국 여자들의 눈물에 상관없이 공평하게 흘렀다.

금자 씨는 칠십대 중반 나이에도 여전히 아름답고 우아했다. 전쟁으로 폐허가 된 땅에서 유럽 남자를 사랑하고, 그 남자를 따라와 살게 될 줄은 몰랐다고 한다. 전례 없는 일이었기에 남자가 본국으로 돌아가면 아기를 혼자 기르며 살게 될 줄 알았다고 말끝을 잇지 못한다. 남편이 당시 본국에 도움을 요청하는 등 백방으로 노력한 끝에 북한이 공식적으로 나라 밖으로 내보낸 첫 번째 여성이었다고 한다.

몇 년 전 남편이 세상을 떠나 집이 절간 같이 조용하다. 별채 앞에 좌부처상이 있어 불자인가 물었더니 장식품이라 한다. 수영장이 있는 넓은 정원을 사이에 두고 한울타리 안에 솔가한 두 아들이 앞뒷집에 살고 있다. 동서독의 경제 격차가 컸음에도 경제적으로 여유 있게 살아온 듯하다.

금자 씨와 순복이 점심을 준비하는 동안 정원에서 시간을 보내고 있을 때 건너편 저택에서 젊은 여자(며느리인 듯)가 호스를 끌고 나오더니 나무에 물을 뿌리기 시작한다. 공을 들여야 이런 정원이 되는구나하고 내가 바라볼 뿐 혼자 있는 시어머니 집에 온 사람은 관심도 없는 듯 호스를 걷어 집으로 쏙 들어갔다. 사생활을 존중하는 서양 문화를 이해하면서도 금자 씨 참 외롭겠다는 생각이 든다.

드디어 점심. 말로만 듣던 평양냉면 맛을 보겠구나하는 기대와는 달리 뜨겁지도 차갑지도 않은 국물에 볶은 쇠고기를 듬뿍 올린 우리식 잔치국수였다. 서독에서 살았던 남한 여자와 동독에서 살았던 북한 여자가 만든 요리를 다섯 여자가 둘러앉아 맛있게 먹었다. 삼팔선이 막았든 베를린장벽이 막았든 우리는 같은 말을 쓰고 비슷한 요리를 해먹으며 살아온 것이다.

후식을 먹으며 금자 씨는 주로 젊었을 때 이야기를 했고 우리는 듣는 편이었다. 내가 대한민국에 가보고 싶지 않으냐고 묻자 그런 생각은 해본 적 없고 북한에 사는 동생들을 보고 싶다고 했다. 수구초심인지 의식과 정서가 아직 북쪽에 머물러 있어서인지는 그녀만이 알 것이다.

친절한 금자 씨를 만나고 돌아오는 길, 문득 1967년에 일어났던 동 백림 간첩사건이 생각났다. 독일이 통일을 이룬 덕분에 북한사람을 스스럼 없이 만날 수 있으니 독일 통일이 우리에게 준 선물이다.

상수시-근심 없는 궁전

상수시 궁전은 프로이센 왕 프리드리히 2세의 여름별궁으로 2차 대전 때 가까운 베를린은 폭격으로 파괴되지만 포츠담은 피해를 입지 않아 건물들이 온전하게 남아있다. 우리에게 포츠담회담이 열린 곳으로 기억되는 도시다.

왕은 포도로 뒤덮여 있던 언덕 위에 자신의 걱정 많은 심사와 프랑스 문화에 심취한 속내를 담은 별궁을 지었고, 이곳에서 생을 마감해 언덕아래 묻혔다. 음악, 문학, 역사, 전사戰史, 농사農史 등 독일 관련 서적에 약방의 감초처럼 등장하는 프리드리히가 전쟁 왕 프리드리히와 동일인이다.

그는 엄격하고 가혹한 아버지 빌헬름 1세에게 상처 받으며 성장하지만 현명한 어머니의 사랑으로 극복한다. 세계유산인 상수시 궁전을 건설, 후세에 계몽군주, 대왕이라 불리며 칭송받고 있다. 동 시대에 동양에도 엄격한 선대 왕(영조), 현명한 어머니 혜경궁홍씨, 유네스코 문화유산인 수원화성, 실학과 유학을 숭상했던 조선의 계몽군주 정조 대왕이 있다.

아버지를 죽음에 이르게 한 반대파를 포용하는 탕평정책

을 폈던 정조와 달리 프리드리히 2세는 10년에 걸쳐 세 번 영토전쟁을 일으킨다. 그러나 전쟁터에서 돌아오면 전혀 다른 모습으로 변신한다. 감자 아저씨 프리츠(감자를 주식으로 정착), 소나타와 협주곡을 남긴 작곡가, 플루트 연주자, 인문학을 숭상하는 고상한 왕이 된다. 어쩌면 가슴 속에 두 개의 영혼을 가진 파우스트의 현신이었을까.

사색을 좋아했지만 영토를 넓히고 지켜야 했던 왕! 그가 바흐에게 제시한 주제 선율로 완성한 〈음악의 헌정〉을 듣고 너무나 기뻐했다는 글을 읽은 적이 있다. 바흐의 대표곡, 리체르카를 들으면 상수시 곳곳이 생각날 것 같다.

소박한 왕의 방. 볼테르와 루소, 바흐가 다녀갔을 접견실,

분위기가 갑자기 엄숙해지던 음악실 유리 상자 속에 왕의 체취가 묻어있을 작은 플루트와 악보가 들어있다. 150년이 넘은 유품에서 내뿜는 아우라에 숨소리와 발걸음도 조심스러워지던 방이다. 벽화에 포도문양이 많은 것은 그때 궁전에서 내려다보이던 풍경을 그린 때문이라 한다. 지금도 궁전 앞 6단 테라스와 뜰에는 포도 일색이다.

궁전 내부를 본 후 테라스아래 재스민 향기 가득한 공원을 '사색'하며 걸었다. 공원 어딘가에 잠들어있는 '사색하는 인간' 프리드리히에 대한 오마주이다. 그의 고뇌가 바람이 되어 숲을 스치고 지나가는 것 같다.

숲속 호수에 그림자를 드리우고 있는 교회와 중국식 다원, 오랑주리, 미술관, 왕실 가족들이 살았던 건물을 주마간산 격으로 부지런히 돌아보고 금자 씨가 꼭 가보라던 신 궁

전에 가기 위해 공원 입구에서 마차를 탔다.

말 두 마리가 이끄는 마차는 포츠담 시내를 뚜벅거리며 돌고 돌아 입이 떡 벌어질 만큼 웅장한 신 궁전 앞에 내려준다. 바로크 후기 양식으로 방이 200개가 넘는 18세기 최대 건축물이라 한다. 지붕 끝에 사람 실물 크기의 조각상들이 늘어서있는 모습이 장관이다. 7년 전쟁이 승리로 끝나갈 무렵 독일 최초의 국가형태인 프로이센의 위용에 걸맞게 지은 것으로 접견실과 왕실 가족들이 사용하던 방 그대로 현재 박물관이 되어있다. 시간이 늦어 감탄만 하다가 돌아온 것이 아쉽다.

포츠담에서 돌아와 순복 집으로 귀환하기 위해 터미널로 간다. 주말이 시작되어 고속도로 정체가 심해 하염 없이 기다린 끝에 도착한 버스는 곧 출발할 거라는 우리 생각과 달리 쉴 만큼 쉰 연후에야 출발했다. 정체 구간이 있어 연착한 하노버에서 기사와 버스는 또 휴식에 들어간다. 터미널 의자에 앉아 구름처럼 모였다가 사라지는 지구촌 사람들을 한 시간 동안 앉아서 구경한다. 이런 것도 관광이라 자위.

자정이 넘어 하멜 터미널에 도착하자 어디선가 휘파람을 불며 롤프가 자동차를 몰고 바람처럼 나타난다. 놀다 오는 사람을 늦은 시간에 유쾌하게 마중 하는 것이 신기하고, 사흘 만에 만나는 부부가 견우직녀 만나 듯 정답게 포옹하는 모습은 더 신기하다. 보리수 향기는 바람에 날리고, 집에 도착할 때까지 롤프와 순복은 계속 유쾌하다.

하노버 - 우리가 쏜다 / 2015년 6월 27일

명순 후배가 하노버 구경을 시켜주기 위해 우리를 데리려 왔다. 언어의 벽을 극복하고 타국에서 일하면서 공부해 의사가 된 장한 후배다. 하노버는 니더작센의 주도로 베를린과 함부르크를 오갈 때 지났고, 앞으로도 몇 번은 더 지나치게 될 북부 교통의 중심지다.

이미 여러 도시의 시청사를 보며 감탄할 만큼 했는데 하노버시청사는 무엇을 보여줄지 기대된다. 중앙에 솟아있는 푸른 돔 꼭대기에 올라가는 엘리베이터 앞, 길게 늘어선 줄 뒤에 섰다. 하노버의 필수 관광코스인데다 휴일이어서 줄은 점점 길어진다. 건물의 구조상 엘리베이터로 50m를 올라간 다음 50m는 달팽이 계단을 걸어서 올라가게 되어 있다.

호수와 평야와 숲! 어딜 가나 감탄스러운 도시 풍경이다. 상공업이 발달해 연합국의 표적이 되어 2차 대전 때 폭격을 맞았고 시청사도 그때 파괴된 것을 원형대로 복원한 것이다. 로비에는 역대 왕조의 휘장이 장식되어 궁전이나 박물관 같은 느낌이 든다. 프로이센에 합병되기 전까지 하노버 왕국의 수도로 중세시대부터 현재 모습까지 시대별 모형이 전시되어 도시 역사를 한눈에 볼 수 있다.

후배는 독일에 와서 일할 때 막냇동생이 태어났다고 한다. 자신에 앞서 가족을 우선했던 우리시대의 맏이들 짐이 무거웠을 때였다. 책임감이 강하고 치열하게 살아온 후배의 삶이 빛나 보인다.

카페에서 휴식을 취하고 있을 때 헤렌하우젠 공원에 와있다는 영남후배 전화가 왔다. 저녁에는 일식집을 운영하는 명자후배네로 간다고 한다. 시간단위로 계획을 짜서 움직이는 고맙고 든든한 후배들이다.

평坪에 익숙한 우리에게 60ha가 이만한 면적이라는 걸 직접 보여주겠다는 듯 10m 높이의 벽천 위에서 내려다본 공원은 끝이 안 보인다. 하노버 왕조의 여름별궁은 2차 대전 때 파괴되고 궁전에 딸렸던 정원만 복구되어 오늘에 이르렀다. 온전히 남은 건 오랑주리와 궁전 앞을 장식했던 인공 폭포다.

산악지형에서 사는 우리는 호수와 평원인 이곳 지형이 좋아 보이는데, 늘 그런 걸 보던 사람들은 따분했던지 정원에 분수와 폭포를 만들어 치솟고 흐르는 물을 보고자 했다. 분수의 위용은 대단하나 전망대를 받치고 있는 벽천은 폭포라 하기에 민망한 물이 졸졸 흘러내리고 있다.

후배들 안내로 너무 넓어 사람도 잘 보이지 않는 한적한 정원을 둘러보며 건축에 양식이 있듯이 정원에도 양식이 있음을 확인한다. 하도 들어서 귀에 못이 박힐 지경인 로코코. 바로크. 르네상스 스타일의 크고 작은 정원들은 사라진 왕궁이 어떤 양식이었는지를 보여주는 듯 조각과 무늬가 다르다.

자연친화적인 창덕궁 후원의 매력을 평지 공원이 따라할 수 없지만 누군가 미쳐야 이런 걸작을 남긴다. 하노버 왕조의 조피 왕후로 '정원이 내 삶'이라 했다면 일생을 정원에 쏟아 부은 것이다. 왕조는 사라졌지만 멋진 휴식을 즐길 문화

공간이 되었으니 보람 있는 열정이었던 셈이다.

며칠 만에 명자후배를 다시 만난다. 이번에 2년 임기를 시작한 새 동문회장으로 한국인 남편과 하노버에서 요식업을 하고 있다. 오늘은 대접하는 자리이니 마음껏 먹고 마시자며 분위기를 띄운다. 그 마음이 고마워 안 먹어도 배가 부른 느낌이 든다. 개운하고 깔끔한 일식은 우리 입맛에도 잘 맞아 모처럼 즐거운 마음으로 화기애애한 시간을 보냈다. 늦도록 놀다가 순복 집에서 열리는 파티에서 다시 만나기로 하고 자리에서 일어났다. 오늘 후배들에게 기합을 주겠다. 뭘 잘못했느냐고?

우리를 행복하게 한 죄. 뿌듯하게 한 죄. 뭉클하게 한 죄. 안 먹어도 배부르게 한 죄. 그런데도 먹게 한 죄. 기분 좋아 못 마시는 줄 마시게 한 죄……

그래서 우리가 쏜다.

하멜른-피리 부는 사나이 / 2015년 6월 28일 일요일

'피리 부는 사나이' 야외극이 열리는 날 명순 후배가 사는 하멜른에 왔다. 5월 중순부터 9월 중순까지 일요일에 주민

80여 명으로 구성된 배우들이 광장 특별무대에서 펼치는 공연이다.

피리 부는 사나이 전설은 1284년 6월 26일에 이곳에서 일어난 130여 명의 소년 실종사건에 시대마다 그럴 듯한 살이 붙어 구전되어온 것을 19세기에 그림형제가 수집해 세계에 널리 알려진다.

12세기에 건축된 대성당의 푸른 돔은 Bungelosen 거리에서 사라져간 아이들이 어디로 갔는지 알까. 지금도 이 거리에서는 음악과 춤을 금지해 전설을 실체화시키고 있다. 학자들은 피리 부는 남자를 따라 산속으로 사라졌다는 아이들이 소년 십자군이나 새로운 땅을 개척하기 위해 떠났을 것이라 추측한다. 우리에게도 뒷산으로 갔다가 돌아오지 않은 '개구리소년들' 미스터리가 있다.

하멜른은 인근의 대규모 농업지역에서 생산되는 곡물을 제분하고 비자 강을 통한 무역으로 부를 이룬 오래된 도시다. 곡물이 흔하니 쥐가 들끓을 최상의 조건이었다. 이때 마을에 한 사나이가 나타나 쥐를 몰아내주겠다며 사례비를 달라고 한다. 어떤 조건이라도 응했을 것이다. 피리소리로 쥐를 몰아 베자 강에 수장시킨 사나이는 마을사람들이 약속을 지키지 않자 피리소리로 어린이들을 꾀어갔다는 전설이다.

전염병을 옮기고 닥치는 대로 갉아먹는 지긋지긋 한 쥐! 우리도 정부에서 쥐약을 일시 배포하고 학교 숙제로 쥐꼬리 10개씩 가져오라던 때가 있었다. 쥐는 쥐의 방식으로 살았을 뿐인데 인간에게 막대한 해를 끼쳤고 그런 쥐를 인간은 인간의 방식으로 응징하며 천적이자 앙숙으로 살아온 것이다.

교회 앞을 지나다 마당에서 살금살금 기어 다니는 귀여운 쥐떼들을 만났다. 공연 연습을 하고 있는 어린 배우들로 꼬리가 달린 쥐 분장에 웃음이 저절로 나온다.

하멜른에서 쥐는 사랑받는 캐릭터로 가게마다 모티브 상품이 넘쳐나고, 길바닥에 그려있는 Rat Trail을 따라가며 시내 관광을 하게 해놓아 유용하게 쓰이고 있다.

공연시간이 되자 피리 부는 사나이가 쥐를 몰아내고, 아이들을 데려가고, 오늘날엔 세계인을 불러들이기라도 하는 것처럼 골목에서 관객들이 구름처럼 모여든다.

30분 넘는 공연을 뙤약볕 아래서 보며 대사는 알아듣지 못해도 배우들 연기가 진지하고 징그럽기만 했던 쥐새끼를 사랑스럽게 느낀 최초의 날로 기억될 것 같다.

전설은 전설일 뿐 하멜른의 매력은 단연 아름다운 비자 르네상스식 건축물이다. 도드라진 퇴창과 기둥 윗부분의 기묘한 장식들이 며칠 전 뤼베크에서 보았던 중후함과 또 다른 화사하고 밝은 느낌을 준다. 부자들이 자랑할 새로운 양식의 집을 지으면서 도시 색깔을 만든 것이다.

건물마다의 특성에 매료되어 다니다가 후배가 하는 병원 앞에 왔다. 이름이 새겨있는 동판 앞에 서서 증명사진을 찍으며 공연히 가슴이 몽클해진다.

독일인 의사와 결혼해 두 딸을 둔 후배는 연못이 있는 이층집에서 여유롭게 살고 있었다. 일면식도 없는 선배들이 왔다고 하노버를 안내해준 것도 고마운데 집으로 초대받아 특별 요리까지 대접 받다니 감동이다. 그런 마음의 여유가 대단하다.

한국말도 잘하고 정원에 연못을 만들었다는 후배의 남편은 출타 중이었다. 포크 레인으로 몇 시간이면 될 작업을 내 집 연못은 내가 만든다는 신념으로 한 삽 한 삽 흙을 떠냈을 아름다운 정신의 소유자를 만나고 싶었는데 아쉽다. 연못을 완성한 후 100여 명을 초대해 연못가에서 파티를 열었다니 멋지다.

의사 부부가 집수리도 직접하고 목재를 사다가 창고도 둘이 지었다고 한다. 아파트 생활에 길들어 수도꼭지도 갈지 못하는 우리 집 남자. 된장국 끓이는 것만 겨우 가르쳐주고 왔는데 잘살고 있는지 모르겠다.

가든파티의 추억

8일간 베이스캠프를 떠나있을 짐을 꾸렸다. 날마다 새로웠고, 새로운 곳에 대한 기대를 하며 짐을 싸고 푸는 일에 익숙해져 있다.

순복부부가 우리를 위해 파티를 열어준다는 날이다. 별채의 육중한 문이 열리고 그 안에 있던 파티용품들이 후원으로 옮겨졌다. 넝쿨장미와 관목 울타리에 둘러싸인 잔디밭에 테이블과 의자, 캠프파이어 장작까지 준비완료, 마음이 들뜬다

Old car, 오토바이, 잔디 깎는 기계, 나무 다듬을 때 쓰는 사다리차 등이 모두 후원 차고에 있었다. 롤프의 다양한 취

향을 엿볼 수 있는 것들이다. 이래서 잔디와 나무는 늘 깔끔하고 고택은 건재한가 보다. 지붕에 태양열집열판도 직접 설치했다는 슈퍼맨! 만학으로 의대에 다닐 때 갑자기 아기 봐줄 사람이 나타나지 않아 아들을 업고 강의실에 간 적도 있다고 한다.

독일제 '근면'과 한국산 '성실'이 만나 후회 없이 살아왔고, 하고 싶은 건 다 하고 사는 이들 부부가 푸념하는 게 '앉을 자리는 많은데 앉을 시간이 없다'는 것이다. 이상하다. 우리도 여기 온 이래 앉을 시간이 없었으니 무슨 조화여. 오늘은 장미꽃 흐드러지게 핀 정원에 앉아볼 수 있으리라는 기대를 해도 좋은 가든파티가 열린다.

바에서는 바텐더, 부엌에서는 요리사, 정원 손질할 때는 머슴 같은 박사님이 오늘은 파티준비로 바쁘시다.

뭘 할까 궁리하다 한국에서 가지고온 도토리 가루로 묵을 한판 쑤어놓고 채마밭으로 내려갔더니 베를린에 다녀온 며칠사이 기온이 오르고 비가 자주 내린 탓에 엉망이다. 보고는 지나치지 못하는 성미, 좋게 말해 근면성실이요, 깎아 말하면 오지랖이 넓다. 정리해주겠다고 하니 순복도 오케이!

오래 아파트에 살면서 정원 있는 집이 꿈이었는데 정원이 세 개나 되는 이 집에서 뻔질나게 드나드는 곳은 정작 텃밭이다. 솎아내고, 거두고, 잡초를 제거하고 나니 이랑이 훤하다. 주말농장을 하며 농사 좀 지어본 노하우를 독일에서 써먹게 되다니. 힘은 들어도 남의 나라 땅을 이렇게 마음껏 뒤집어 엎어본다. 흙의 감촉이 좋은데 내가 이러고 있을 때가 아니다.

함부르크에서 숙자언니 부부가 오고, 순복 아들이 여자친구와 함께 들어서니 주변이 환해진다. 의사 커플이다. 하노버에서 만났던 후배들이 도착하고 우리를 데려갈 안은 남편이 감기에 걸려 혼자 왔다. 어쩌나. 재채기를 하더니 기어이 감기에 걸렸으니 난감하다. 갑자기 머리가 띵해진다.

주인 부부와 친분이 두터운 독일인 몇 분이 더 오셨고 헤드테이블에 순복 시어머니가 앉으셨다. 인지기능 저하로 바깥출입이 자유롭지 않은 망백望百 노인을 상석에 모신 부부의 효심이 갸륵하게 느껴진다.

테이블에 차려진 음식을 먹으며 이런 저런 이야기를 나눈다. 날마다 먹는 식빵은 사먹으면서 케이크는 만드느냐고 하니 어렵지 않단다. 순복의 예비 며느리도 직접 케이크를 만들어왔는데 맛과 모양이 훌륭하다.

우리 집 삼백 미터 이내에 베이커리가 네 군데나 있다. 궁색한 변명을 하려는 게 아니라 우리나라 좋은 나라, 게으른

주부들이 살기 편한 나라라는 뜻이다. 여기 동문들도 부러워하는 부분이다.

그때 두 친구가 오더니 롤란드가 부침개를 부치고 있다며 가보자고 한다. 솔솔 풍기는 기름 냄새를 따라가자 별채 앞에 차려진 간이 요리대에서 롤프는 아들과 그릴에 고기를 굽고, 롤란드와 영남후배가 부침질을 하고 있었다.

구경났네! 덩치가 큰 서양 남자가 뒤집개를 파리채처럼 들고 부침질 하는 모습을 보지 못했더라면 후회할 뻔 했다. 재미있었지만 보고 있기에는 미안하고 아슬아슬하다. 묽으면 부치기 수월한데 반죽이 좀 되고 양은 무지하게 많다. 밭에 부추가 많을 때 알아봤어야하는데 뭐든 작게 못하는 순복이 반죽한 건 다 부치란다.

아! 지겹다. 나 며칠 전에 시아버지 제사 모시고 온 사람이다. 부침개라면 정원을 덮을 만큼 많이 부치며 살아왔는데 여기까지 와서 부침질이라니. 설상가상, 얼마 후 비가 내리기 시작한다. 절대로 비올 하늘이 아니었다. 서둘러 천막을 쳤지만 등에 빗방울이 떨어졌고, 얼굴에는 기름이 튀어 오른다.

애초에 뒤집개를 잡지 말았어야 했다. 다 부치기 전에는 파티에 올 생각도 말라는 뒤집개의 저주에 걸린 게 아니라면 부침개 귀신과 싸우는 동안 나의 친구들과 그 착한 후배들은 어인 일인지 날 구하러오지도 않는다.

기대했던 가든파티는 실내파티로, 캠프파이어는 비 때문에 꿈도 꿀 수 없게 되었다. 이대로 파티는 끝이 날 모양이다.

돌아갈 시간이 되자 다행히 비는 그쳤다. 기념사진을 찍은 후 동문들은 하노버로, 함부르크로, 하멜른으로 떠나고 순복의 보호아래 있던 우리는 안에게 인계되었다. 니더작센주에서 노르트라인베스트팔렌 주, 헤어퍼드에 있는 안의 집에 도착하니 밤이다. 내일은 국경을 넘어 암스테르담에 간다기에 게스트 룸으로 직행해 일찍 잠자리에 들었다.

암스테르담-구름처럼 바람처럼-2015년 6월 29일

암스테르담으로 가는 중 지도를 펴보니 하루에 다녀오기에는 꽤 먼 거리다. 그래도 기분이 좋다. 날씨는 화창하고, 안은 피로한 기색이 없으며, 무엇보다 안의 남편이 양호해 농담할 여유까지 생겼다. 추우면 내가 책임지려고 옷을 충분히 가져왔다고 가방을 들어보이자 유쾌하게 웃는다. 감기에 걸렸대서 어제부터 걱정했다고 하자 오늘 여행을 위해 일부러 안 갔던 거라고 오히려 안심시킨다.

처음 '라이너 씨'라고 부르자 거리감이 느껴진다며 존칭을 생략하라고 안이 알려주었다. 친구 남편을 동네 아이 부르듯이 부르라? 그러지 뭐. 라이너는 우리를 김, 남, 최로 불렀고 우리는 '씨'를 빼고 불렀다.

운전수 좋고, 조수 좋고, 길 좋고, 자동차 좋다. 좌 김, 우 최 사이에 앉아 안과 이야기하며 아우토반을 달리는 기분을 근사하게 표현할 말이 있을까. 안이 선곡하는 클래식 음악이 행복을 배가 시킨다. 바흐, 헨델, 베토벤, 리스트, 멘델스존, 브람스, 슈만, 클라라…… 대 악성을 낳은 독일의 비옥한 음악 대지와 베를린필연주회에 정기적으로 간다는 안부부가 나는 많이 부럽다.

우리는 얼마 전에 세상을 떠난 아바도에 이어 종신지휘자로 부임한 바렌보임의 음악과 사생활에 대해 이러쿵저러쿵 하다가 세월호와 메르스 확산으로 사면초가에 빠진 박대통령, 메르켈의 지도력이 독일 국민들에게는 별로 인기가 없다는 데까지 대화가 이어지며 나의 상체는 앞쪽으로 완전 전진, 엉덩이만 좌석 끝에 간신히 붙어있다. 안이 수시통역으로 라이너를 대화에 끌어들였고 나도 간간히 끼어들었다.

"We were close neat friend. This time is like a dreams"

누가 말하더라도 귀 기울여 듣고, 고개 끄떡이며 호응해 주고, 얼굴에 표정을 가득 담아 웃는 라이너가 의사로 성공한 것도 특별한 저 공감능력 때문이지 싶다. 땅이 접시처럼 평평한 차창 밖 풍경보다 더 신기한 볼거리가 눈앞에 있는 저들 부부의 모습이다. 무슨 할 말이 저리 많으며 지금 이 자동차 안에서 깔깔거리며 웃을 일이 무얼까. 내가 궁금한 걸 못 참는 걸 나의 오랜 친구는 안다.

"저기 봐. 저 트럭에 그려있는 그림이 재미있잖아"

뭐가 우습지? 그들은 이야깃거리도 아닌 걸로 대화하고, 우습지도 않은 것을 보며 그렇게 웃는구나. 부부싸움? 싸운 기억이 별로 없다고 한다. 그럴 줄 알았다.

암스테르담(Dam) 담(Dam)광장에서 비치발리볼유럽선수권대회가 열리고 있다. 비치도 아닌 곳에 비치발리볼이라니!

네덜란드이니 특별할 것도 없다.

태어나고 보니 트럼프가 아버지더라는 운 좋은 사람이 있는가 하면 갯벌을 다지고, 물길을 내고, 강에 둑을 쌓아 삶의 터전을 세워야했던 나라다.

운하와 풍차, 튤립, 히딩크, 오렌지 군단, 더치페이(Dutch pay)등...... 네덜란드 하면 떠오르는 이미지들이다. 낭만적으로 보이는 풍차는 낮은 땅에 고인 물을 퍼내는 도구였고, 튤립은 영문도 모른 채 투기광풍에 휩싸였던 꽃이다. 히딩크의 나라답게 축구 잘하고, 더치페이는 야박하다하면서도 합리성으로 우리나라에서 빠르게 정착되고 있다. 셈 바르고, 셈 따지는 사람을 예전에는 개성상인 같다거나 서울깍쟁이라고 조롱했던 기억이 난다.

남한 면적의 반 밖에 안 되면서 유럽에서 가장 먼저 부자가 된 강소국 네덜란드. 조선이 왜란으로 곳간이 비어있을 때 동인도, 서인도로 진출해 무역으로 부를 쌓았고, 그때 번

돈으로 후손들이 먹고 산다면서 부부끼리도 먹은 밥값은 따로 계산하는 독특한 민족이다.

담 광장을 돌아본 후 밀랍박물관 〈마담 투소〉에 올라가니 이름만 대면 알 만한 유명 인사들이 실물처럼 정교하게 만들어져있다. 프랑스혁명 때 처형되었던 정치인들의 데드 마스크를 만들며 이름이 알려진 마리 튀소가 밀랍 원조다. 1835년 런던에 첫 박물관이 개장된 이래 큰 도시마다 시대를 반영하는 새 인물들로 채워진 〈마담 투소〉는 계속 늘어나고 있다.

명사들과 조우하며 4층까지 올라오니 담 광장이 훤히 내려다보인다. 신교회와 왕궁. 2차 대전 전사자 추모비. 무엇보다 창문으로 비치발리볼 경기를 공짜로 관전하기에 좋은 장소다. 비키니 복장으로 파이팅 넘치는 경기를 펼치는 선수들의 에너지에 밀랍이 녹아내리지나 않을까 걱정되는 인물이 3층에 있긴 하다.

홍등가. 마리화나, 동성결혼, 존엄사…… 하고 싶으면 해라. 체면이나 예의, 격식 차리지 않는 인간 본성에 솔직한 '동물의 왕국'을 연상케 하면서도 도시는 참으로 아름답고 평화스럽다.

거미줄처럼 연결된 운하와 강을 따라가는 시티투어는 장대한 예술품 전시장 같아 카메라 프레임 안에 든 풍경은 그대로 그림이 된다. 배가 지나가자 물결이 일었고, 물에 일렁이는 풍경들이 다시 그림을 만든다. 그림 속에는 물에 떠있는 것 같은 오래된 건물들이 위태롭게 기우는 것처럼 보이고, 수상가옥과 땅콩 집, 자전거를 타고 가는 젊은이들이 눈길을 끌었다.

우리도 풍경이 되어 담(Dam) 위를 걷고, 다리 위를 걸었으며, 수 많은 다리 밑을 지나쳤다. 바람처럼, 구름처럼 그렇게 지나치고 스쳐간다.

헤어퍼드 - 친구는 중상층 / 2015년 6월 30일

어제 암스테르담 강변에서 이른 저녁을 먹은 후 석양을 등지고 독일로 돌아올 때 우리는 시든 풀처럼 나란히 널브러져갔다. 안도 피곤하겠지만 남편 동무하느라 음악을 고르고, 무슨 말인가 주고받으며 웃었다.

저녁이 가고, 밤이 오고. 밤이 깊어 도착하자마자 게스트룸으로 직행한다. 내 침대는 크루즈 선처럼 벽에 매달아놓는 구조인데다 방 앞에 수영장이 있어 물에 떠있는 기분으로 잠이 든다.

아침이 되자 우리는 이슬 머금은 풀잎처럼 되살아나 어제 충분히 즐기지 못했던 정원을 산책하고 동네까지 돌아보는 여유를 부린다. 부촌답게 언덕을 따라 좋은 주택들이 이어졌고, 정원 가꾸는 경쟁이라도 하듯이 아름다운 꽃들이 가득가득 피어있다.

안의 집은 두 아들은 결혼해 베를린에 살고 있어 부부만 살기에는 너무 넓다. 잔디밭과 개울 사이로 나있는 산책로를 따라가며 마음껏 뽐내고 있는 봄꽃과 색색의 장미꽃을 감상한다. 이걸 가꾸느라 알뜰한 안 부부가 젊을 때부터 얼마나 땀을 쏟았을까. 연못 가운데 오리가 쉬었다가라고 큰 둥지까지 놓여있다.

이만큼 살면 독일에서는? 중상층(中上層)이라고 한다. 40여 년 전 잘살아보겠다며 빈손으로 떠났던 친구가 남편과 두 아들, 두 며느리까지 다섯 박사의 대모가 되어 수영장을 갖춘

저택에서 살고 있다. 하얀 레이스 깔린 큰 식탁, 잔잔하게 흐르는 음악, 멋진 식기에 담겨있는 음식들, 커피 냄새, 창 안팎으로 꽃, 꽃, 꽃…… 그 무엇보다도 나를 감동시킨 건 요리대에 나란히 서서 식사 준비를 하는 부부의 뒷모습이다. 무엇에 신이 났는지 라이너는 콧노래까지 흥얼거린다. 보기에 좋아 양해를 구하고 뒷모습을 사진에 담았다. 이번 여행에서 얻은 의미 있고 아름다운 한 컷이다. 서로에게 헌신하는 금슬 좋은 부부, 자수성가한 비결이 이 사진 속에 담겨있다.

라이너는 식사를 하면서도 누구 잔이 비는지 살피다가 따끈한 커피와 차를 얼른 권하고는 했다. 집에 돌아가서 이런 얘기하면 믿을까. 박사님 서빙 받으며 느긋하게 아침 식사를 즐긴 후 짐을 챙겼다.

안은 '어딘가'에 들렀다가 오늘 안에 우리를 호순 후배에게 인계한다. 호순에게 가는 건 일정표에 따른 것이고, '어딘가'에 가는 것은 안의 재량이다.

데드몰트 방향으로 30여분쯤 차로 달리는 동안 안온하고 평화로운 숲길이 이어졌다. 제주도의 사려니와 광릉수목원, 슬로베니아의 숲길이 떠오른다. 수목사이로 햇살이 은총처럼 내리는 이 길을 나는 '옛날로 들어가는 길'이라 이름 짓고 평화가 그리우면 떠올리리라. 나무만 팔아도 몇 대는 살 수 있다는 독일에 이런 길쯤이야 얼마든지 있겠지만 오늘 안과 헤어진다고 생각하니 문득 감상에 빠져들었다. 독일로 갈 결심을 하기까지 유난히 풍파가 많았던 친구였다.

"고생 많이 했다고 좋은 사람 만나게 해줬나봐"

두 살 아래, 유능과 성실, 겸양과 외양을 두루 갖춘 라이너는 아내와 시간을 보내기 위해 얼마 전 잘 나가는 병원을 접었다. 친구는 2년 전 암 진단을 받아 현대의학이 할 수 있는 모든 치료를 받았고, 임상실험에도 참여하고 있다. 나는 친구가 젊은 날 질풍노도를 건너왔듯이 병마를 이겨낼 거라 굳게 믿는다.

우리는 마차에 나란히 올랐다. 경주마보다 발목이 굵고 엉덩이가 넓적한 말 두 마리는 갈퀴를 휘날리며 황금색으로 변해가는 밀밭 옆을 지나고, 미르나무 그늘과 호수가 보이는 언덕을 오르내린 끝에 리페의 옛날 마을로 데려다주었다. 500여 년 전부터 근대화되기 전의 농촌풍경과 생활상을 보여주는 독일에서 가장 큰 야외민속박물관이다. 90ha 부지에 전국 곳곳의 특색 있는 벨부르크(전통농가)와 부속건물, 풍차, 방앗간, 대장간, 교회 등이 재현되어 있다. 보여주는 공간을 넘어 물레방아가 돌아가고, 농작물과 가축을 기르며 사람이 실제 거주하고 있어 타임캡슐을 타고 시대를 거슬러

온 느낌이 든다.

입장객이 연 20만 명이 넘는다면서 너무 넓어서인지 마을을 다 돌아보는 동안 마주치는 사람이 거의 없다. 짧고 투박한 침대, 자상한 아버지가 만들었을 나무 요람, 소박한 부엌 살림들, 옛 독일 사람들의 살아온 흔적이다.

돌아올 때는 마차를 타지 않고 숲속으로 난 오솔길을 따라 걸어 내려왔다. 날씨가 좋아 도란거리며 걷기에 좋은 길이다. 출출해질 즈음 어디선가 빵 굽는 냄새가 솔솔 풍긴다. 진원지를 따라가자 지붕이 반쯤 숲에 가린 오래된 건물이 보였다. 빵이 나오기를 기다렸다가 따뜻한 커피를 곁들여 숲속에 둘러앉아 먹으니 맛과 분위기가 더할 나위 없이 좋다.

데드몰트로 나오니 키 자랑, 땅 자랑하는 건물이 없는 넉넉하고 편안한 느낌이다. 날씨가 좋아 쾌적한 시가지 풍경을 감상하며 테라스 테이블에 앉아서 느긋하게 점심을 즐긴 후 부퍼탈로 향한다.

아우토반으로 두어 시간 남서쪽으로 달려 호순 후배 집에 도착했다. 나비에 주소만 입력하면 못 찾아갈 데 없는 좋은 세상이다. 후배는 며칠 전 동문회 때 만났고, 키가 훤칠한 남편 게르트와 초면 인사를 나누었다. 호순의 안내로 유실수와 꽃이 만발한 정원과 집을 한 바퀴 돌아본 후 안부부가 가기 전에 단체사진을 찍자며 정원으로 다시 나간다. 만발한 꽃을 배경으로 두 부부 사이에 우리 셋이 나란히 서있는 모습이 재미있다. 인수인계하는 증명사진 같아서다.

우리를 데려다주고 안과 라이너는 집으로 돌아간다. 며칠 동안 함께 여행하며 정이 들어 헤어지려니 섭섭하다. 우리는 라이너의 팬이 되었고, 라이너도 감기에 걸리면서도 팬클럽 관리에 최선을 다하여 우리를 감동시켰다. 백인 주류사회에서 이방인으로 살아온 안이 즐거워하는 모습을 흐뭇하게 지켜보며 지원을 아끼지 않았다. 가을에 한국에서 함께 여행하기로 약속하고, 어느새 익숙해진 '안고 등을 톡톡 두드리는' 독일식 작별인사를 한다. Bye bye!

에센-시간을 붙잡을 수 있다면 / 2015년 7월 1일

동문회 때 만났던 용순 후배의 초대를 받아 에센으로 간다. 그날 한국요리를 대접하겠다는 말만으로도 거듭 먹은 기름진 음식에 뒤집힌 속이 가라앉는 느낌이었다. 처음 낯선 땅, 낯선 음식, 낯선 언어와 마주쳤을 때 가장 향수를 자극한 것이 음식이었다고 한다. 왜 아니랴.

에센은 루르 탄전 지역의 중심 도시로 카네기에게 영향을 준 독일의 철강왕 알프레드 크루프(1812~1887)의 사업장 본거지였다. 당연히 2차 대전 때 연합국의 맹폭격을 받았고, 전후 복구되어 독일 번영에 일조하는 공업도시로 거듭난다.

에센으로 오면서 미술관이 된 크루프의 휘겔 별장에 가볼 생각이었지만 정원에 들어선 순간 속세는 잊어라. 눈 닿는 곳 어디라도 꽃, 꽃, 꽃. 기화요초 만방인 무릉도원이다. 꽃 이름을 알아 뭣하리. 장미는 어떤 이름이어도 향기롭고, 너희는 꽃이어서 아름답구나!

잔디밭에 펴놓은 돗자리에 앉으니 넝쿨장미 늘어진 꽃 대

궐이다. 봄부터 가을까지 꽃을 볼 수 있도록 다양한 화초와 다년생 식물을 키와 색깔, 특징에 따라 정원 곳곳에 자리 배정해 심었다고 한다. 좋은 계절에 아름다운 정원으로 초대 받은 우리는 행운아! 해먹에, 피크닉 침대에, 돗자리에, 안락의자에 편할 대로 누워 이야기꽃을 피우니 웃음꽃은 저절로 핀다.

가만, 그러고 보니 동문들 이름에 순順이 많다. 용순, 호순, 경순, 명순, 귀순, 순복…… 대한의 순둥이들, 나라의 부흥에 초석을 놓은 기적의 아이콘이다.

정원 테라스에 상이 차려진다. 후배의 요리 솜씨는 정원 가꾸는 솜씨를 봐도 알 수 있는 살림 9단. 불고기와 해산물, 샐러드, 야채. 생채…… 동서양 요리의 멋진 조합이다. 우리는 손님이라고 정원이 마주보이는 자리에 앉으라 한다. 무릉도원에서 도끼자루 썩는 줄 모를 신설놀음에 주빈이라니 전생에 나라를 구하지 않고서야!

감동하기에는 이르다는 듯 젠틀맨이 다가와 와인을 따라주며 어떠냐고 묻는다. 별로라고 하면 또 한 병 따려는 듯 다음 와인이 대기 중이다.

이럴 땐 잔을 약간 기울여 향을 깨워야 해. 그리고 천천히 음미해야 하지. 곧 만족한 표정으로 Good! 아는 척 했지만 사실은 '개 코'도 모른다.

어렸을 때 가끔 사카린을 넣은 술지게미에 취해봐서 막걸리 맛은 좀 아는 편이다. 고유의 음식이므로 몸이 기억해서지만 막걸리에는 아버지의 땀 같은 짠함이, 와인은 일탈의 여유를 즐길 때 등장하는 술이어서 분위기에 먼저 취하고는 했다.

나중에 집 구경하며 보니 지하에 와인켈러가 있다. 마니아답게 오늘 요리와 분위기에 맞는 걸 골랐을 터이니 당연히 Good!

Joachim은 산부인과 의사로 동문들 남편이 거의 그러하듯 가정적이고 섬세한 성격의 소유자인 듯하다. 테라스 의자에 앉아 시가 피우는 모습이 오래전에 〈대부〉에서 봤던 로버트 드니로? 분위기를 연상시킨다. 실제로 그런 말을 들은 적이 있다며 제대로 봤다는 듯 기분좋아한다. 그럴 때 내 친구 최는 "넌 보는 사람마다 영화배우 닮았다하냐"며 놀린다. 한국 사위들이 잘생기고 신사적인 게 내 잘못이 아닌데, 잘못 본 것도 아닌데 놀림을 받다니 억울하다. 아침에 부퍼탈 게 서방이 금방 배운 한국말로 일어나세요하는 바람에 첫날부터 감동 먹었다. 가는 집마다 다들 왜 이러세요. 이러니까 배우들처럼 멋지게 보인다니까요.

여유롭게 점심을 즐긴 후 기온이 부쩍 치솟자 우리는 모두 집안으로 들어와 세상에서 제일 편한 자세로 널브러진다. 이틀 전 암스테르담, 어제 야외민속박물관을 걸어 내려왔으며, 부퍼탈에 와서도 야곱성인 순례길을 두어 시간동안 산책하지 않았나. 다리 뻗을 자리만 보면 널브러지는 이유이자 변명이지만 부부의 세심한 배려로 누워서 음악 들으며 이야기하다, 먹다가 마시다가……

우리가 서제와 거실을 점거해 먹고 노는 동안 요아힘은 수시로 정원을 돌아보며 가꾼다. 한국에서는 이만한 정원은 대개 정원사가 관리한다고 하자 내 정원을 내가 가꿔야지 그 즐거움을 왜 남이 누리느냐며 의아해한다. 그러게요. 디저트로 먹은 아이스크림도 직접 만드셨다니 부부의 삶이 아이스크림처럼 달달할 것 같다.

낮의 열기가 물러나자 다시 서늘해진 정원으로 나가 태양의 기울기에 따라 바뀐 풍경을 사진에 담는다. 돌아오지 않을 시간과 광휘에 찬 공간을 마음에 새긴다. 어느 것도 영원하지 않기에, 붙잡아 둘 수 없기에 더 아름답게 느껴지는지도 모르겠다.

저녁까지 끝내준다. 워낙 푸짐했던 점심이라 남은 밥과 나물, 생채, 고추장, 참기름을 듬뿍 넣고 쓱싹쓱싹 비빈 양푼에 둘러앉아 행복한 가든파티의 대미를 장식한다.

부퍼탈의 추억 - 2015년 7월 2일

열흘 전엔 추워서, 오늘은 더워 죽는 줄 알았다. 40도 찜통 속을 헤집고 다녀보기는 처음이다. 비교적 여름이 시원하다는 독일에서도 이례적인 기온으로 놀라봐! 놀라보라니까 하는 것 같다.

우리는 일찍 슈베베 반을 타고 시내구경을 나갔다. 1901년에 개통된 현수식 모노레일로 총 연장 13.3km, 일부러 타러오는 관광객이 있을 만큼 유명세를 타는 부퍼탈의 랜드마크다.

부퍼탈의 '탈'은 계곡(tal)이란 뜻으로 분지에 형성된 다운

타운은 비교적 평평하다. 1963년 백남준이 〈갤러리 파르나스〉에서 생애 첫 개인전을 열었던 산업혁명의 중심지역으로 근교에 아스피린으로 유명한 바이엘 화학공장이 있고, 호순 남편은 이 회사에 다녔다고 한다.

구릉이 많은 지형이라 철로를 놓을 공간이 마땅치 않자 부퍼 강 양편에 지지대를 세워서 강 위를 달리게 한 것이 슈베베반이다. 도안과 색상이 예쁜 두량짜리 열차가 레일에 매달려 도시를 놀이동산 삼아 돌아다니는 모습이 재미있다. 맨 앞자리에 앉게 되어 발밑을 내려다보며 달리니 물위를 날아가는 듯하다.

동물원역에 내려 언덕을 올라가자 넓이를 가늠할 수 없는 동물원이다. 호랑이도 자기들이 갇혀있는 줄 모를 만큼 방사장이 넓다. 어디에 있는지 몰라서 팔자 좋은 호랑이는 만나지 못하고 돌아오는 길에 부퍼 강에 발을 담그고 뜨거워진 몸과 마음을 식혔다.

더울 땐 집이 최고다. 내 거처는 정원에서 보면 1층, 현관으로 들어오면 계단을 내려와 있는 반 지층이다. 부퍼탈의 대부분 주택이 이런 구조일 게다. 거실과 서제를 겸한 넓은 방 한편에 내가 쓰는 침대가 있다. 첫날은 호순이 핫백(hot bag)을 발치에 넣어줄 만큼 서늘했는데 이틀사이 대박! 이집에서 가장 시원한 곳이 되었다. 2층은 부부 공간, 3층은 주방과 식당, 복도 끝에 욕조 딸린 목욕실, 그 옆이 두 친구가 머무는 방이다.

다락에는 봄에 야곱 순례길 근처에서 채취한 고사리가 있다며 갈 때 주겠다고 한다. 나도 고사리 꺾는 걸 좋아하는데 교민들도 유럽, 아메리카 그 어디에 살든 고사리가 올라오면 꺾고 싶다고 한다. 몸이 시키는지 마음이 시키는지 모를 대대로 먹어왔기에 체화된 욕구인지도 모른다. 지금 우리에게도 마음이 충동질하고 몸이 시키는 욕구가 있다. 밥!

어제 용순 집에서 실컷 먹었고, 남은 밥에 고추장 넣고 싹싹 비벼서 싹싹 쓸어먹고 왔는데 또 밥이라니. 아침에 호순 부부가 정성들여 차려준 블랙퍼스트, 숲속 레스토랑에서 나이프와 포크로 분위기 있는 런치도 잘 먹었다. 그런데, 더위 먹은 이내몸이 이브닝에는 '디너'말고 '저녁' 달라네. 여기 사람들이 껌 씹는 거 같아 이상하다는 그 차진 쌀로 고슬고슬 밥 짓고, 푸성귀에 된장 싸서 저녁 먹자고요.

김치를 개봉하니 맛있는 냄새가 진동한다. 몇 천 킬로 날아와 몇 집 냉장고를 거치며 여기까지 오는 동안 익었구나. 출발하기 하루 전 독감 공포를 무릅쓰고 L백화점에 나가 포장날짜를 확인한 후 꽁꽁 싸매 가져와서 쥐놓고 빼어 먹으려니 미안하다. 김치! 감동스러운 맛이다. 이러니 고향의 맛을 못 잊은 교민들이 명절이면 모여서 세시음식을 해먹는가 보다. 내 친구 부산아지매는 젓갈을 좋아한단다. 내일 친구에게 줄 보따리는 우리와 이동하며 아직도 배송 중이다.

토종식단으로 이른 저녁을 먹은 후 호순이 좋은 데 있다며 드라이브 가자고 제안한다. 만병초 꽃으로 뒤덮인 동산, 아름다운 정원이 있는 부촌을 돌아보고 내려와 강변을 산책하고 있을 때였다. 우리 앞에 긴 머리를 내려뜨린 여자와 다비드 상처럼 다부진 두 남성이 강가에서 나신裸身으로 망연히

노을을 바라보고 있다. 석양에 비친 조각 같은 뒷모습이 환상이다. 남녀가 이 저녁에 왜 저러고 있을까. 내 친구는 목욕하러 왔을 거라 하고 나는 자연을 갤러리 삼아 퍼포먼스를 하는 게 아닐까하는 생각이 들었다. 그러나 우리에겐 목불인견, 민망해서 얼른 자리를 떴다. 팀멘도르프 해변에서 아무렇지도 않은 듯 홀라당 벗은 채 지나가는 노부부와 마주쳤을 때도 눈길을 어디 둬야할지 몰라 우리가 당황했었다.

왜 벗을까. 일상의 권태에서 벗어나고 싶어서, 문명에 대한 반항 등등 이유도 다양하지만 지나친 노출 의상조차 거슬리는 우리에게는 적잖은 문화충돌이다.

과천국립현대미술관에서 열렸던 고 백남준 1주기 추모 제목이 〈부퍼탈의 추억〉이다. 첫 전시회 때 입구에 〈잘린 소머리〉를 매달아 핏물이 떨어지고 파리가 꼬여 이게 무슨 예술인가 폄하했다는 이야기도 전한다.

뭉크보다는 르느아르다. 삶이 그리 아름답지 않은데 그림까지 우울한 걸 그리고 싶지 않다는데 공감하기 때문이다. 소 대가리보다는 강변의 나신들이 아름답지 않은가. 전위적인 것은 아직 이해불능이다. 부퍼탈의 추억이 강변 나들이로 완성된다.

쾰른-라인강은 고요히 흐르고 / 2015년 7월 3일

쾰른에 왔다. 수운과 철도·도로의 요충지로 라인란트의 경제, 문화의 중심지다. 기원 전 38년 로마인이 점령해 한때 로마의 최북단이라 불리기도 했던 이 도시의 지명에는 식민지(colonia)였다는 자기고백이 담겨있다. 독일 네 번째 도시로 인구는 약 백만 명 정도이다.

부퍼탈에서 자동차로 한 시간 남짓 달려오는 사이 암호(?)를 주고받던 귀순과 호순은 어딘가에서 접선해 우리를 인수인계했다. 무늬만 순順한 동양여자 곁에 이름이 같은 한국 사위 둘이 보디가드처럼 곁을 지켰다. 우리는 보따리와 함께 '부퍼탈 게 서방'의 자동차에서 '쾰른 게 서방'의 자동차로 옮겨졌고, 상황이 종료되자 그들은 악수를 나눈 후 총총 자리를 떴다.

1972년 나는 시집을 가고, 귀순은 독일로 갔다. 당시 교통오지였던 경남 진주에서 했던 나의 결혼식에 온 유일한 친구였다.

푸르러서 청춘이라고? 멍이 잘 드는 체질이라 아픈 청춘들이었다. 어디가 길인지 늪인지 방황하다 우리는 서로 가보지 않은 길을 선택한다.

자고나면 간호사들이 해외로 나가던 때였다. 내 친구와 동료들은 가는 그룹과 안 가는 그룹으로 나뉘었다. 나는 가려다가 나의 순정남에게 발목이 잡혀 주저앉았다. 안 간 친구들은 하나둘 결혼을 했고, 독일에 갔던 친구들은 계약기간이 만료되자 회귀파와 잔류파로. 잔류파에서도 서양인, 동양인과 결혼하거나 독신의 삶을 선택한다.

허니문베이비가 태어나며 나는 일찍 어른이 되었다. 아내로, 엄마로, 며느리로, 형님, 형수, 올케, 질부, 외숙모…… 일년도 되지 않아 깨알같이 써도 명함 한 장에 담을 수 없는 관계망 속으로 깊숙이 들어가 있었다.

결혼結婚으로 결혼結魂당한 나비! 꽃길로 위장된 망 속으로 유인되어 관습의 덫에 갇힌 나비! 넓은 세상을 훨훨 날아다니는 나비 친구들 편지를 받은 날은 더 심란하고 울적해 했다. 불똥을 맞은 남편에게 독일은 적국이 되어간다.

간신히 붙잡았는데 다시 우화羽化를 꿈꾸다니, '2차 대전 때 싹 망해버렸어야 할 나라'가 색시를 홀린다며 대놓고 적개심을 드러내기도 했다. 나 때문에 악담을 들어야했던 독일에 정말 미안하다.

날개옷을 내줘도 시큰둥할 만큼 사는데 맛집이 생겼을 즈음 귀순이 남편과 두 살 된 아들을 데리고 한국에 왔다, 하이네만 가족의 첫 한국 나들이였다. 1970년 대 중반, 친구의 부산 친정집은 서양 사위를 한 달간 있게 할 형편이 아니었거나, 그랬더라도 서로 불편했던지 해운대 D호텔에 머물고 있었다.

친구를 만나러간 날 친구 엄마도 오셨는데 "우째 저래 잘 생겼을까"하며 말 한마디 못 나누는 사위자랑을 하셨다. 어디 내놔도 빠지지 않는 내 친구 외모가 무색할 로맨틱 순정스타 스타일이었다. 우월한 유전자를 물려받은 아들 피터도 무척 사랑스러웠다.

나는 언제 다시 만날지 모를 친구와 헤어지는 게 아쉽고, 이역만리에서 온 그들에게 삼대가 사는 한국가정을 보여주고 싶기도 해 우리집에 오지 않겠느냐고 물었다. 수세식 화장실이 있는 걸 확인하고는 제 남편과 의논하더니 흔쾌히 응하며 빵, 달걀, 홍차만 준비해주면 요리는 제가 하겠다고 했다.

○○김 씨 집안에 오는 첫 게르만일지도 모를 이들 가족은 이틀간 온돌방에 유숙하며 서부경남을 함께 여행했다. 남편은 한때 무지하게 미워했던 '적국'에서 온 손님에게 자동차와 기사를 지원했고 어른들도 며느리의 손님을 조용히 맞아주셨다. 심심했던 피터도 우리 아이들과 잘 놀았다.

돌아갈 때 친구는 한국사정과 우리 형편으로 언제쯤이면

독일에 올 수 있을 것 같으냐며 진지하게 물었다. 10년 후쯤이라 대중없이 대답했는데 십 년 안에 여행자유화도 이루어지지 않았고 나는 여전히 사는데 골몰했다. 한강의 기적이라고 떠들썩했지만 라인 강의 기적과는 온도차가 있었던 것이다.

잘살아보기 위해 그때 가려고 했던 나라를 잘살아져서 왔으니 이제는 '기적'이라 말해도 되겠다. 타국에서 친구들이 고군분투하고, 나라 안에서 고군분투하는 남편들을 우리가 내조한 덕분이다. 단체여행으로 몇 번 유럽에 오가며 독일 남부에 있는 도시와 고성을 다녀간 적은 있어도 그때 약속이 온전히 이루어지기까지 40년이 걸렸다.

친구의 보금자리는 라인 강변에 있는 고층아파트였다. 막힌데 없이 시원한 정경이 앞뒤백리에 펼쳐있다. 도도한 강물을 오가는 유람선, 녹지 속에 있는 동물원, 멀리 쾰른대성당의 첨탑…… 전망대에 올라온 듯 온 시내가 훤히 내려다보인다.

공중에 매달린 듯 어지럽다. 태어나자 전쟁을 겪고, 폐허위에서 자라며 일찍 철이 든 우리다. 허리 졸라매고, 앞만 보고 오지 않았나. 단군 이래 가장 풍요롭다는 시대에 이르기까지 고속으로 달려오느라 모두가 어지러웠을 것이다.

그러고 보니 한강과 라인 강. 우리 그 기적의 강을 바라보며 살았네. 살아온 날이 기적이네. 친구가 오면 한강변에서 만났는데 드디어 라인 강변에서 만나네.

우리 축배를 들자.

샴페인과 다과를 나눈 뒤 관광객 모드로 가이드이자 이틀시한 보호자를 따라 U반을 타고 시내로 나갔다. 중앙역을 빠져나오자 쾰른대성당이 하늘을 찌를 듯 우뚝 서있다. 1248년 짓기 시작해 이런저런 사정으로 1880년에 완공된 고딕 양식의 걸작이다. 제 2차 세계대전 때 폭격으로 많이 부서지고 검게 그을렸지만 632년에 걸친 인간의 집념과 정성이 하늘에 닿아 복원과 보수로 길이 144m, 탑 높이 157m의 웅장한 건축물로 살아났다. 그러나 세월의 풍파를 견딜 재간이 없는지라 오늘도 이곳저곳 보수, 또 보수 중이다.

친구는 벼락치기 공부를 해왔다며 자신도 온지 오래됐다는 성당 내부의 이곳저곳을 가이드다운 폼으로 설명해준다. "이 스테인드글라스를 보수할 때 게르하르트 리히터(현대작가)가 11,263개 유리조각에 72가지 색 배열을 고심하다 컴퓨터 프로그램에 입력해 자동 구성한 거래."

성가대석 모자이크 바닥과 참나무로 만든 의자, 파이프오르간, 동방박사의 유골함, 제단화 등 천정과 바닥, 벽면을 이리저리 쳐다보고 내려다보느라 목이 뻐근할 지경이다. 종교

화로 도배된 성지이자 성물 보관 창고, 주교들의 공동 무덤 등 안에 있는 건 모두 예술품이고, 건물 자체로도 예술인 〈쾰른대성당〉은 세계유산에 올라있다.

햇빛 쏟아지는 광장으로 나오자 여기에도 재미있는 볼거리가 있다. 높은 성당과 자신을 일체화시키려는 각도를 찾기 위해 온갖 포즈와 아이디어를 동원해 셔터를 누르는 사람들. 우리도 이리저리 맞춰보지만 온전히 담기는 글렀다. 성스러운 탑과 콧속을 일체화시키거나 피사체를 적당히 잘라가며 찍거나 성당만 찍는다.

광장은 Colonia의 심장부답게 〈로마 게르만박물관〉과 주변에 유적발굴현장이 있다. 오랜 세월동안 지형이 바뀌며 이 일대 지하에는 아직도 많은 고대 유물이 매장돼 있다고 한다.

박물관 건물인줄 모르고 필로티를 지나가다가 우연히 유리창 안에 있는 바닥 그림을 발견한다. 설마 하고 여행책자를 펼쳐보니 〈로마 게르만박물관〉에서 가장 유명하다는 그

〈디오니소스 모자이크〉다. 로마시대 저택의 식당 바닥에 그리스 신화에 나오는 주신酒神을 그린 모자이크 화(가로 7m 세로 10m)로 옮길 수 없어 그 위에 박물관을 세웠다고 한다. 운이 좋은지 눈이 밝은지 유물과 유적을 창문 밖에서 보게 되다니 이런 우연도 없다. 들어가서 보았다면 볼거리가 많아 한곳에 집중하지 않았을 텐데 감동이다.

주변에는 안으로 들어가지 못한 유물들이 곳곳에 널려 있다. 야외 박물을 구경하며 직진하니 바로 라인 강변이다. 알프스에서 발원해 북해로 흘러드는 서부의 젖줄로 귀 아프게 들었던 기적의 강이다.

무심히 흐르는 강물 위로 고생시켜서 미안하다고, 가난은 우리 대에서 끝내자고 그들 앞에서 눈물을 훔치던 박정희 대통령 모습이 어른거린다. 지도자가 이끌고 국민이 따라주어 오늘의 풍요를 이루어냈다.

참으로 열심히 살아온 내 친구는 식당을 찾아가는 길, 또는 우리가 묵을 숙소를 찾아가는 도중에 여긴 로마 성벽이야. 여긴 급수탑이었지. 여긴 하이네만과 결혼식 올렸던 교회. 근무 했던 병원, 아이 낳았던 병원, 시어머니와 했던 가게, 살았던 동네와 집, 아이들이 다녔던 학교까지 시시콜콜 알려준다. 친구의 젊음과 열정과 땀, 눈물이 배어있는 그곳에는 여전히 결혼식이 열리고, 아이가 태어나고, 단란한 가족이 살고 있을 것이다.

피터를 만나러 간다. 어제 친구가 내게 준 흑백사진 속 꼬마가 내 딸처럼 나이 들었을 걸 생각하니 먹먹해진다. 그들은 어른이 되고 우리는 늙어간다.

피터 여동생은 우리 집에 다녀간 후 태어났고, 지금 스위스에 살고 있다며 SNS에서 딸을 찾아내 영상으로 보여준다.

친구의 두 자녀가 '엄친아'라는 소문은 한국까지 들렸다. 아들은 공직에 임용될 나이가 되기도 전에 급 높은 고시를 통과했고, 딸은 어느 방면의 전문가라고 한다. 인생관과 소신이 뚜렷하고 똑똑한 제 엄마를 자식들이 닮았을 거라는 생각이 든다. 편파적인가.

피터 집에 들어가자 초등학교 1학년, 3학년인 두 손녀딸과 아들부부가 나란히 서서 손님맞이를 한다. 미소는 얼마나 아름다운 만국공통언어이며 젊은 부부와 아이들의 저 깍듯함이라니. 대학캠퍼스에서 만난 모범생들이 일찍 입신하고, 결혼하여 모범적인 가정을 꾸려가고 있는 게 바로 느껴진다. 초롱초롱한 손녀들, 믿음직한 아들과 지성미 넘치는 며느리의 일거수일투족을 보는 나도 뿌듯하다.

손녀들이 부엌에서 음료를 한 잔씩 한 잔씩, 조심스레 들고 와서 눈을 맞추며 공손하게 건네준다. 쟁반에 담아 어른이 내오지 않고 아이들에게 시키는 며느리 마음이 금방 읽혀졌다. 아이들 교육을 저렇게 시킨다. 내 친구도 자식 키울 때 얘기를 가끔 한다. 곧게 자란 자식들이 그 자식을 또 그렇게 키울 것이다.

우리는 샴페인으로 축배를 들었다. 말하지 않아도 표정과 눈빛이 서로의 마음을 읽고 느끼며 말을 걸고 대답을 한다.

피터! 반겨줘서 고맙고. 잘 자라줘서 고맙고, 아름다운 가정을 보여줘서 고맙다. 넌 너무 귀엽고 사랑스러웠지. 오늘 네 아버지와 옛날 얘기를 나눌 수 없어 유감이지만 어쩌겠니.

피터도 어쩔 수 없는 일이라고 말하는 것 같다. 영리한 손녀들은 우리가 저희에게 폭 빠진 줄 이미 알아차렸다. 호기심 가득한 눈빛으로 우릴 쳐다보며 배시시 웃는 저 인형 같은 서양 아이들이 친구 혈육이라고? 사진으로 볼 때는 실감이 나지 않았는데 완전히 딴판이다. 친구의 모습은 빗물이 땅에 스며들 듯 저들 속으로 어느새 그렇게 스며들었나보다.

며느리는 딸들이 학교에서 잘한 걸 들고 와서 보여주며 동·서양 어느 엄마나 다름 없는 자식에 대한 사랑과 자부심을 드러낸다. 내 친구가 늘 자랑하는 예쁜 손녀들, 그 똘똘이 손녀가 어느 날 묻더란다. 나도 이제껏 언급하지 않은 말이었다.

"할아버지와 왜 헤어지셨어요?"

"사랑이 없어서, 아가야! 사랑이 없었단다."

우리는 다시 U반을 타고 중앙역 광장으로 나왔다. 성당은 조명이 있음에도 검은 옷을 입은 엄숙한 수사처럼 보였다. 낮에 관광객으로 붐비던 광장과 강변은 내일부터 열리는 퀴어 축제로 '기묘한' 분위기에 들떠있다.

친구 부부는 독일 전통요리와 쾰슈를 대접하겠다며 1511년에 문을 연 '브라우하우스 지온'으로 안내했다. 양조설비를 갖춘 고풍스러운 레스토랑이다. 위 아래층 넓은 매장 안을 둘러본 후 예약 테이블에 앉으니 곧 맥주가 나왔다. 쾰슈는 '상면 발효 타입으로 탄산이 적고 목 넘김이 깔끔한' 게 특징이라는 데 글쎄요, 그 맛이 그 맛 같은데 뭐가 다르지? 독일에만 5,000개 넘는 브랜드가 있지만 쾰른 50km 이내에서 양조한 맥주만 쾰슈라 부르며 목이 좁고 가느다란 '슈탕에'라는 전용 잔으로 마신다.

200cc들이 한 잔은 딱 내 주량이다. 그런데 주문하지 않아도 컵이 비면 물어보지도 않고 가져다놓는다. 브라트브루스트(구운 소시지)와 육류는 기름져서 맥주 없이 먹기는 사실 난

감하다. 한 잔을 마시고 나니 얼굴이 달아오르기 시작한다. 박카스 신이 저버린 인간은 석잔 쯤은 마셔야 요리를 먹을 것 같은데 인사불성이 될 것이므로 두 잔에서 그만 마시겠다는 사인으로 받침을 컵 위에 올려놓았다. 친구들도 주당이 아니어서 게르트 앞에만 빈 잔이 늘어있다. 우리는 술을 마시고, 그는 물을 마시고, 고도古都의 밤은 깊어가고, 라인강은 고요히 흐른다.

라인강을 건너다 - 2015년 7월 4일

이상기온 여파로 아침부터 덥다. 에어컨 없는 숙소, 에어컨 없는 버스와 U반을 갈아타고 중앙역에 내린다. 부국이면서 추워도 더워도 견디라는 독한 나라의 저 씩씩한 부부가이드가 오늘은 로마인도 건너지 못한 라인강 저쪽까지 걸어서 간다고 한다. 한강다리 스물다섯 개 중 한 곳도 도보로 건너본 적 없는 데 이 더운 날씨에 다리를 건너가라고?

인도가 널찍하고 차도사이 경계망에 알록달록한 사랑의 자물쇠가 빼곡하게 달려있어 지루하지 않게 주변을 휘휘 둘러보며 걸으니 금방이다. 지형 때문인지 한강보다 유속은 빠르고 강폭은 좁은 것 같다. 강바람이 시원하고 다리 위에서 보는 풍경이 나름 운치 있어 역시 여행은 가이드를 잘 만나야 한다. 스마트한 내 친구 맞다.

건너편 건물 옥상에서 내려다보니 금방 지나온 중앙역과 대성당, 라인강에 걸쳐있는 다리와 구시가지의 골목골목들이 입체감 있게 펼쳐있다. 식품, 아트 등 굵직한 전시회가 수시로 열리는 메세도 바로 앞이다. 아는 사람만 올라오는 장소이지 싶다.

자유여행의 묘미는 가고 머무는 시간과 장소를 강제하지 않음이다. 우리는 강변으로 내려와 사랑의 언약이 주렁주렁 매달린 호엔촐레른 다리를 바라보며 친구의 전쟁 같은 사랑 이야기를 들었다.

'당신과 사는가 봐라. 애들 다 클 때까지다.'

사랑 없이 한집에 살다가 어느 날 별거 선언을 하자 하이네만은 받아들일 수 없다며 힘든 시간을 보냈다고 한다. 한동안 게르트를 철천지원수처럼 대하다가 왜 이런 상황까지 오게 됐는지 받아들이고는 언제부터인가 가족 모임에 참석해 함께 어울린다고 한다. 특별한 날 선물까지 하는 걸 본 자식들이 '이제 아버지가 뭘 좀 아는 것 같다'고 한다니 하이네만도 귀책사유에서 자유로울 수 없지 싶다.

문득 럭스 비누 한 개를 내보이며 시집갈 때 줄 거라고 하던 친구 할머니가 생각난다. 외제가 귀했던 1966년 얘기로 친구는 기억도 나지 않는단다. 잘난 자식들과, 손녀들, 떠나는 사람 붙잡던 전 남편과, '불구덩이 속에서도 지켜주겠다'는 현 남편까지 독일제들 속에 여왕벌처럼 앉아있는 친구 사진을 본적이 있다. 여전히 성은 하이네만이다. 메르켈이 5년 살다 헤어진 전 남편 성(메르켈)으로 독일총리까지 하며 남편과 평생 사는데 이해 못 할 것도 없다. 그런데 피터! 아버지와 의붓아버지가 너희들과 한자리에 있다? 우리는 낯설어. 너의 엄마는 아무래도 독일이 만들었어.

그런 문화 차이를 절감하며 친구에게 이런 이야기를 글에 써도 되느냐고 물었더니 주저하지 않고 그러라고 한다. 내 친구는 Made in Germany.

다시 다리를 건너 구시가 강변으로 내려오니 피슈 마르크트 공원이다. 이름으로 보아 예전에 어시장이 있었던 곳인가 보다. 작은 분수와 물놀이를 즐길 시설들이 많아 어른 아이 할 것 없이 신이 났다. 우리도 발을 담그고 놀다가 점점

더워지자 백화점에 가서 집에 갈 준비며 시원한 옷을 구경하기로 한다.

1997년 삼성동 현대백화점 지하식품점을 둘러보던 친구가 독일 친구들을 데려와서 보여주고 싶다고 감탄을 금치 못하던 이유를 여기 와보니 알겠다. 직원들도 조용조용, 손님도 조용조용, 도서관 같은 분위기다.

시원한 매장을 돌아다니며 밀린 숙제 몰아하듯 식구들 선물 쇼핑 완료, 면세처리까지 깔끔하게 받았다. 애로사항이라면 체격이 큰 동네라서 맞는 게 없어 어린이옷 코너를 기웃거리기도 했는데 다행히 구석에서 작은 사이즈를 찾아낸다. 더운 날씨를 감안해 반바지와 얇은 민소매 옷을 샀다.

친구 부부에게 저녁을 대접하고 쾰른의 마지막 밤을 라인 강변에서 보내기 위해 호이야거리로 갔다. 이틀사이 성당 앞에 네 번째 온다. 단체관광으로 왔다면 발도장만 찍고 갔을 터에 이 부근 가이드를 해도 될 만큼 광장 주변이 눈에 들어온다.

고대와 중세, 근대, 현대가 공존하는 도시, 백만 인구에 미

술관이 100군데가 넘는 예술 도시, 백년 넘은 건축물이 구도심에 수두룩하다. 내 친구가 게르트와 멋지게 익어가는 쾰른, 작별의 밤이 깊어가고, 라인강은 고요히 흐른다.

트리어 - 로마의 기억 / 2015년 7월 5일

트리어로 가기 위해 호순 부부가 일찍 쾰른 숙소로 왔다. 트리어는 DC 16년 로마 초대황제 아우구스투스가 건설해 제 2의 로마라 불릴 정도로 번성했던 도시다. 프랑스 국경에 가까운 곳이라 하루 숙박여행이다.

게르트는 노사연의 〈만남〉을 들으며 운전 하고 있다. 가사 좋고, 멜로디 좋고, 음정도 좋다며 노사연의 팬이라 한다. 가사가 좋다는 말에 동양적인 정서를 지닌 그가 더 가깝게 느껴진다. 흥얼거리고, 따라 부르고, 같이 부르며 차안은 합창교실이 된다.

-우리 만남은 우연이 아니야. 그것은 우리의 바램이었어.-

불가의 인연으로 말하면 이들 부부의 만남도 '우연'이 아니고 '바람'이자 '운명'일 것이었다. 결혼할 때 여기 시가에서는 한국처럼 반대하기도 하느냐고 묻자 시어머니는 동양 여자와 하느냐, 시아버지는 같은 하늘아래 동양여자 서양여자가 어디 있느냐며 다른 반응을 보였다고 한다.

우리가 남편 어지간히 부려먹으라고 타박할 만큼 게르트는 집안일을 잘 도와준다. 아니 도와주는 게 아니라 도맡아 하는 듯 요리도 잘한다. 우리를 위해 작은 오징어에 소를 넣은 지중해식 특별요리를 만들어주었다. 풍어기에 오징어 말리느라 천지사방에 장막이 처지던 동해안에 살면서도 한 번도 만들어본 적 없는 순대요리다.

맛있게 먹으며 좋은 남편 만났다고 치하하자 평생 행복하게 해 주겠다고 약속했으니 당연한 거라고 말한다. 그런 말 안 듣고 결혼한 사람 있을까.

후배는 남편 종교를 따르는 걸 거부해 교회 허락을 받는데 일 년 걸렸다고 한다. 당시 외국 여성과 결혼하면 남편의 두 달 치 급료를 세금으로 내고, 남편 성을 따르되 내 성도 버리지 않으려면 세금이 추가되어 '비싼 결혼'을 했다고 한다. 즉 hosun Nam이 hosun Liers가 아니라 hosun Nam-Liers가 되기 위해 돈이 들었고 개종하지 않기 위해 시간이 들었다는 말이다. 대단한 부부다. 별난 여자와 결혼하기 위해 기다려준 게르트 리얼쉬의 사랑이 대단하게 느껴진다.

후배와 나의 인연도 우연이 아니다. 동문카페에 있는 내 글을 매개로 선후배 인연과 혈연(영양南)이 겹쳐 친분이 쌓인다. 한국에 왔을 때 우리 친구들과 경주여행을 함께 하며 특유의 재치와 입담으로 6년 선배들 사랑을 듬뿍 받았다.

남南가들 한다면 한다. 그 때 호순이 초청하고, 내가 기획하여 독일 여행이 실행에 옮겨진 것이다. 10년 전 호주, 뉴질랜드에 갈 때도 간다던 친구들 다 빠지고 셋이 갔는데 이번에도 여행 밝히는 그 세 명이 왔다.

예약한 숙소에 짐을 부려놓고 제국의 서쪽 수도였던 트리어 속으로 들어간다. 시대를 거슬러 오르는 역사의 순례자가 되는 것으로 내가 트리어에 오고 싶었던 이유이기도 하다.

숙소에서 사오백 미터 쯤에 선제후의 궁

정이 있고, 대성당 앞을 지나 몇 갈래 길이 모이는 중심이 중앙광장이다. 유럽 특유의 목조 가옥과 카페, 상점에 에워싸인 광장 한복판에 958년에 시장개설권 획득을 기념해 세운 크로이츠(십자가) 탑이 있다. 오는 날이 장날. 1,050년 전통의 중앙시장(Hauptmarkt)에 장이 섰다. 여행 우선인 마음이 급해 건성으로 둘러봐서인지 딱히 눈에 들어오는 건 없다.

호순 부부의 안내로 6.4km 로마시벽의 북문(포르타 니그로) 옆에서 출발하는 로마익스프레스에 오른다. 대성당, 카이저 욕장, 선제후의 궁전, 로마 다리, 시청사와 마르크스 생가가 있는 거리와 골목을 이리저리 누비고 돌아오는데 35분 걸린다.

2,000년 전 도시가 생길 때 모젤 강 위에 건설된 로마 다리는 여전히 자동차와 사람이 오가는 반면 제국의 영광이 폐허로 남은 바르바라 욕탕과 벽만 남았어도 그 호화로웠음을 숨길 수 없는 카이저 욕장 유적은 쓸쓸하기만 하다.

도시의 틀과 외관을 둘러보았으니 안을 볼 차례다. 성벽 안에 있는 구시가지가 아담해 걸어 다녀도 무리가 없을 것 같다.

귀중본이 많은 시립박물관에서 짧은 영어로 오디오에 의존해 관람하려니 애로가 이만저만이 아니다. 중앙광장에서 보았던 크로이츠의 진품이라는 말을 알아들은 기쁨에 십자가를 들여다보아도 진품이 가품 같고 가품이 진품 같다. 이런 안목으로 역사 순례라니.

콘스탄티누스 대제가 자신의 성을 허물고 베드로 성인과 어머니를 위해 세운 대성당과 성모교회의 외양은 우아하고 기품 있는 귀부인을 대하는 느낌이 든다. 예수님이 십자가에 못 박힐 때 입었던 성의聖衣가 있는 곳으로도 유명한 교회다. 2,000년 전 옷이라? '묻지도 말고 따지지도 말라'는데 진위 논란은 끊이지 않는다.

안으로 들어가자 제단 앞에 무릎을 꿇어야할 것 같은 엄숙함이 압도하는 분위기다. 큰 성당에서 볼 만큼 봐왔다고 생각했던 섬세한 조각과 성화, 스테인드글라스 문양이 고적하면서도 현란하다. 마인츠, 쾰른대성당과 함께 독일 3대 성당으로 복원, 수리, 증축하는 과정에 시대마다의 건축양식이 섞여 우아, 현란, 고풍스러운 느낌이 고루 담겨있다. 원래는 지금의 네 배 규모였다는데 2차 대전 때 파괴되어 복구한 것이 이 정도라는 것이다. 가는 곳마다 폭격, 복원, 보수라는 말이 따라다니니 하나마나한 생각이지만 히틀러가 없었다면 독일은 동화의 나라, 관광의 나라라는 수식이 하나 더 붙었을 것 같다.

콘스탄틴 바실리카는 로마시대 황제를 알현하던 장소로 내부에 기둥이 없는 통짜건물이다. 대욕탕과 통짜 건물을 짓고, 강에 다리를 놓으며 제국의 도시를 건설했던 로마인! 대단한 자들이다.

원형 경기장까지 가볼까 말까. 지도를 보니 카이저욕장에서 걸어갈 만한 거리다. 폭염도 역사 순례자의 의지를 꺾지 못하리.

생각보다 멀다. 기를 쓰고 올라온 보람이 헛되지 않도록 꼼꼼하게 둘러볼 작정인데 꼼꼼하게 보나마나 눈앞에 있는 넓은 운동장과 높은 객석뿐!

'여기'에서 검투사와 맹수들이 피 터지게 싸우는 걸 '저기' 객석에서 이만 관중이 앉아서 환호성을 지르며 구경했다는 거네. 저 아래 동네에서 온수 목욕탕을 짓고 2,000년 넘게 쓸 견고한 다리를 놓은 문명인들이 피를 흘리며 죽어가는 사람과 동물을 보고 집단 흥분에 빠져 열광하는 야만인이었다는 거다. 로마인의 양면성을 여실히 보여주는 곳으로 음악회와 연극, 종교 행사도 열었다고 한다.

Amphitheater! 이름 그대로 극장이다.

아레나 지하 공간은 당시 출연자들이 대기하던 장소, 우리는 그들의 발자취를 구경하며 그곳에서 더위를 식힌다. 피가 흘러 내렸을 배수로에서 어쩐지 음습한 기운이 느껴진다.

객석은 원래 돌계단이었으나 로마가 망하자 채석장으로 변한다. 그 돌은 주로 중세에 교회 건축에 쓰였다고 한다. 깔고 앉았던 돌로 하느님의 성전을 짓고, 로마인이 마셨던 공기를 여전히 우리가 마시고 있다.

객석이 잔디로 덮여있는 건 아무래도 아쉽다. 폭격으로 부서진 건물들은 복원하면서 돌계단이던 곳을 잔디로 덮어놓으니 여기에 무슨 이만 명이 앉았을까 싶다.

객석 꼭대기까지 올라가 모두 돌아보고 나자 더운데 무리했는지 방전이다. 호순이 관리사무소에 가서 단번에 해결. 타임머신을 타고 들어갔던 로마 시대에서 콜택시를 타고 무사히 현실 세계로 돌아온다.

우리는 노을빛에 우아하게 물들어가는 귀부인 같은 대성당을 마주보며 별식으로 충전을 한 후 아름다운 선제후의 궁정 뜰을 지나 숙소로 돌아왔다. 어딘가에서 로마인의 숨소리가 들려올 것 같은 고즈넉한 저녁이다.

아침에 트리어를 떠나기 전 대성당을 한 번 더 가보기로 했다. 숙소에서 십여 분 걸어 성모교회 후문으로 들어가면 회랑을 통해 대성당과 이어진다.

회랑 안쪽은 중정中庭으로 역대 왕과 왕비, 주교들의 무덤이 있는 곳이다. 석관을 얼마나 잘 꾸며놓았는지 장식품을 방불케 한다. 유럽에서 본 최고의 지상 명당으로 정원 같지 않은 묘지, 묘지 같지 않은 정원이다.

다시 보고 싶었던 곳으로 간다. 대성당 제단 뒤편에 있는 예수님 성의聖衣가 보관되어 있는 방이다. 정교하고 섬세한 조각들, 아기 천사들이 지키는 방은 성의의 진위를 떠나 신비롭고 충만한 기운으로 가득 차있다. 크리스챤이 아닌 누구라도 그 앞에 서면 한동안 넋을 잃고 그 안을 바라보게 될 것이다.

계단을 내려가자 지하 기도실에서 사제와 신자들이 예배를 올리고 있다. 기도실 분위기 때문인지 나도 모르게 절집에서 하듯 합장한다. 트리어에 다시 올 수 있을까.

뒤셀도르프 - 하얀 집 / 2015년 7월 6일

노르트라인베스트팔렌 주로 돌아와 게르트는 여자들을 뒤셀도르프에 내려주고 집으로 돌아갔다. 뒤셀도르프는 독일 최대 공업벨트인 루르의 중심지역으로 수로와 연못, 라인 강으로 둘러싸인 아름다운 물의 도시다.

중앙역 근처에서 시티투어를 시작한다. 여행자를 가슴 설레게 하는 덮개 없는 이층 투어버스는 위층에 앉아서보아야 제 맛. 구시가와 신시가, 메디엔하펜과 리도를 지나 라인강 건너편까지 한 시간 동안 도시의 구석구석을 보았다.

쾨니히스알레를 지날 때 수로 양편으로 늘어선 마로니에와 수변은 가히 '왕의 길'이라는 수식이 어울린다. 가스등 불빛이 어른거리는 밤의 '쾨(Koe)'는 얼마나 환상적일까. 마로니에가 피었을 때 이 길은 또 얼마나 멋질까.

명품 길을 따라 에르○○, ○○○똥, ○찌 등 명품 매장들이 늘어서있다. 안 살 거야. 언제 어디서라도 살 수 있는 거 말고, 지금 아니면 누릴 수 없는 '왕의 길'을 갈 거다.

한껏 허세와 사치를 부리며, 누리며 시청사 마당을 가로지나 부르크광장에 다다르자 넘실거리는 라인강이다. 쾰른 친구네 앞을 지나 굽이굽이 흘러온 강물은 곧 하구에 이르러 바다로 흘러들 것이다. 우리 여행의 종착역도 점점 가까워온다.

라인강변에서 왜 갑자기 한강변이 생각날까. 양수리에서 임진강과 만나는 하류까지 고층아파트가 많은 것 빼면 그렇게 넓고 멋진 강변도 없을 거다. 갈 때가 되어서 하는 말이 아니다. 늘 보아서 새롭지 않았을 뿐이다.

우리는 유람선이 오르내리는 풍경과 운치 있는 테라스 카페 앞 산책로를 따라 강변 정취를 즐기며 걷다가 드디어 널브러져도 좋을 만한 자리를 찾았다. 아폴로극장 앞 잔디밭에 길게 뻗은 것이다. 어제 오늘 동선을 짚어본다면 라인강변에 원더우먼들이 왔는데 인간들이 몰라본다.

한가롭게 뒤척이며 충천한 후 영희 후배가 데리러온다는 시간에 맞추어 중앙역 쪽으로 되짚어 걸었다. 문학적 향기가 풍기는 하이네의 집, 활기 넘치는 볼커 거리, 낭만적인 마로니에 가로수길 등 차고 넘치는 멋진 골목골목들이 오래 기억에 남을 거다.

역 앞에서 영희 후배의 차를 타고 시내를 벗어나 이삼십분쯤 달렸을까. 고흐와 밀레의 그림 속으로 빠져 들어가는 경이로움! 황금빛으로 물든 밀밭 가운데 있는 저 하얀 집이 후배의 보금자리란다. 밀이 익지 않았다면 초원일 터였고

집 뒤편으로 숲이 우거진 전형적인 전원이다. 저 푸른 초원 위에 그림 같은 집을 짓고 사랑하는 우리 님과 한 평생 살고 싶다는 남진의 노래가 떠오르는 풍경이다.

도시 여성 분위기인 후배에게 전원 취향이 있는 줄 짐작도 못했다. 곧 경상도 억양이 정겨운 후배의 남편과 딸이 맞아주는 하얀 집으로 들어선다. 위로 남매는 성가하고 이층 저택에서 세 식구가 유유자적 살고 있었다. 수목에 둘러싸인 넓은 잔디마당, 주인의 알뜰한 손길이 배어있는 텃밭이 넓다. 이곳은 한국 농촌처럼 뙈기 논밭이 아니라 드넓은 밀밭이 끝없이 펼쳐있는 대규모 농업 지역이나 후배 가족은 일용할 채소만 기르는 소꿉농군인 듯하다.

가족이 스시초밥 가게를 운영하며 쉬는 날 이렇게 멋진 독일의 전원 속으로 초대해준 것이다. 안팎을 천천히 돌아

본 후 정원에서 이른 저녁을 먹으며 살아가는 이야기와 독일 여행담을 나누었다. 후배 남편은 직업의식이 발동해 스시초밥이 제대로 만들어졌는지 점검한다며 슬며시 합석한다. 제대로 만들어진 줄 알면서도 고국 까마귀들이 온 게 반가워서 그러실 게다.

내가 독일에서의 삶이 어떠시냐고 묻자 부산사나이는 고향이 그립단다. 친구들과 옛 얘기하며 고향에서 살고 싶단다. 사느라 바빴을 젊은 날 느껴보지 못한 향수가 풍요 속의 허기처럼 절실해지는 나이에 이른 것이리라. 왠지 짠하다. 문화가 다른 이국에서 노년을 보내기 외로울 것 같은 생각이 들어서이다.

수구초심인지 호순도 한국에 와서 살고 싶다고는 한다. 이제껏 독일에서 살았으니 게르트가 한국에 와서 살 차례라나. 그러고도 남을 좋은 남편이다. 그땐 그가 외롭지 않게 우리가 동무해주어야겠다.

밭에서 채소를 이것저것 챙겨주며 꽤 먼 부퍼탈까지 데려다주는 후배의 자동차를 타고 돌아오는 길, 하늘에 노을이 곱고 들에는 황금빛 밀밭이다. 학교 다닐 때 덕스럽던 품성 그대로인 영희가 사는 모습을 보고 가니 마음이 훈훈하다. 독일에서 초대받은 열 번째 집, 한국인 가정이어서 더욱 의미가 깊다. 내일은 순복 집으로 돌아가는 날이다.

아우토반 빅쇼-만남을 노래 부르다 / 2015년 7월 7일

우리는 호순 부부에게 이길 방법이 없다. 하노버까지 기차를 타고 가겠다는데 꼭 자동차로 데려다주겠다고 한다. 그러는 게 마음 편하다고 통사정을 해도 우리 건강이 기차 태워 보낼 형편이 아니라며 기어이 우리를 이겨먹는다. 내일 먼 여행을 떠난다면서도 그 고집을 부린다.

영신은 기침이 심하고 윤희도 많이 지쳐있기는 하다. 저도 피곤할 텐데 약초 삶은 물을 가져와 보자기를 뒤집어씌우고 훈증케어를 해주는 후배는 필시 좋은 간호사였을 것이다. 남편이 바이엘 맨이었다면서 약보다 자연요법을 좋아하는 천상 동양여자다.

놀랄 일은 게르트가 어제 뒤셀도르프에서 돌아와 정원에 있는 쉬탁헬베리로 잼을 만든 것이다. 그 더운 날씨에 가시 많은 나무에서 열매를 따느라 얼마나 고생했을까. 불앞에서 잼 만드느라 얼마나 콩 같은 땀을 흘렸을까. 우리 주려고 한 것이 고마워 한 병씩 더 챙겼다. 부부의 인정스러움이 사람

참 염치없게 만든다. 은혜는 돌에 새기라는 말을 마음에 새기며 게르트의 자동차에 올랐다. 내일 일찍 떠나는 여행 준비나 하라고 호순을 억지로 주저 앉혔는데 통역 없이 세 시간 넘게 갈 일이 걱정이다.

독일어 못하는 한국인과 한국어 못하는 독일인이 침묵 속에 아우토반을 달리고 있다. 길 좋고, 운전수 좋고, 녹음이 짙어가는 차창 밖 풍경은 더할 나위 없이 근사하다. 다만 누가 사랑을 아름답다했나. 누가 침묵을 금이라 했나. 우리끼리 말하는 게 미안해서인가. 어쨌거나 입을 열면 물고 있는 금이 쏟아져 내리기라도 할 것처럼 한국인끼리도 말이 없다. 앞만 보고 운전하는 사람에게 말 외에 통하는 게 뭘까.

게르트! Shall I sing a song for you?

이런저런 궁리 끝에 겨우 나온 말에 독일인과 한국인이 동시에 반응한다. 한 사람은 오케이! 오케이! 한 사람은 노래 못하는 내가 침묵에 못 견뎌서 헛소리하는 줄 아는지 지금 노래하겠다고 한 거 맞느냐며 다급하게 확인한다.

내가 〈만남〉을 부르기 시작하자 분위기가 급반전, 트리어에 갈 때처럼 함께 노래를 부르기 시작한다. 드디어 침묵의 터널을 빠져나온다. 말이 중요한 게 아니라 말하려는 마음이 중요하다는 걸 확인한다.

노사연의 사연 많은 노래와 옛날 옛적에 부르던 외국 노래의 총동원령이 떨어진 것인데 살림만 하던 우리가 알면 얼마나 알까. 아는 팝송도 바닥이 난데다 때마침 변덕스런 독일 날씨가 본때를 보여주겠다는 듯 세찬 소나기를 퍼부었다.

게르트는 전방을 응시하며 긴장 속에 운전하고 우리는 미안하고 조심스런 마음에 조용히 비가 그치기를 고대한다.

드디어 비가 그치고 차창에 눈물처럼 흐르던 물이 말라간다. 또 침묵인가.

긴장과 침묵을 깨기 위해 When drops a falling on my hat~~을 나직하게 부르기 시작하자 게르트도 다시 신이 났다. 화롯불에 불씨를 꺼뜨리게 될까봐 우리도 적극 호응하며 박자를 맞추었다.

이 몸은 노래를 시작한 죄, 조수석에 앉은 죄로 음치와 몸치, 어눌한 말치로 3시간짜리 아우토반 빅쇼에서 온갖 재랄 퍼포먼스를 벌였다. 시대마다 유행했던 노래와 동요(Little star, 작은 별), 응원가(You are my sunshine)까지 우리 일생에 그렇게 많은 노래를 한꺼번에 부른 적이 있을까. 결단코 없었고, 앞으로도 없을 것이다.

집에 돌아간 게르트도 매우 즐거웠으며 팬클럽이 생긴 것 같다고 좋아했다니 우리 노력이 헛되지 않았다. 호순을 평생 행복하게 해주겠다는 약속을 지키며 살아가는 게르트! 그의 열정과 따뜻함을 잊지 못할 것이다.

브레멘 음악대 - 2015년 7월 8일

"옛날 어느 농장에 늙은 당나귀 한 마리가 있었어요. 주인은 당나귀가 예전만큼 짐을 나르지 못한다며 먹이도 주지 않았어요. '가죽을 벗겨서 북이나 만들어야 할 놈'이라는 말에 당나귀는 브레멘으로 가서 음악대에 들어가야겠다는 결심을 합니다.

마침내 집을 나온 당나귀는 사냥을 나갔다가 여우에게 물린 후로 주인의 학대를 견디다 못해 가출한 개, 쥐를 잡지 못한다고 쫓겨난 이빨 빠진 고양이, 잡아먹히기 전에 목청껏 울어보고 싶은 수탉을 차례로 만나 함께 브레멘으로 갑니다. 가던 중 도둑들이 사는 집을 발견해요. 동물들은 기지를 발휘해 도둑들을 쫓아내고 그 집에서 음악을 하며 사이좋게 살았답니다."

그림형제의 〈어린이와 가정 동화〉에 있는 내용이다. 실컷 부려먹다가 이용가치가 없어지면 버리는 인간의 냉혹함을 풍자, 또한 역경을 이겨내고 새로운 삶을 살아가라는 용기와 교훈을 주는 이 동화로 브레멘은 〈브레멘 음악대〉의 이미지를 얻게 되었다. 어제 아우토반 빅쇼를 펼친 우리 활약상을 그림형제가 알았다면 음악대 주인공이 바뀔지도 모르는데 너무 늦게 태어나는 바람에. 아쉽다.

집 나온 지 21일 째, 우리는 천신만고 끝에 브레멘에 왔다. 어쩌면 못 올 뻔 했고, 하마터면 안 올 뻔 했다. 사연을 말하자면 꽤 길고 복잡하다. 갈 때가 되니까 자꾸 뒤돌아볼까봐 정을 떼려는 보이지 않는 손이 작용하지 않았다면 이런 난리가 일어났을까.

순복 집에서 하멜른까지 자동차로, 하멜른에서 기차를 타고 하노버로, 하노버에서 환승해 브레멘으로 가는 단순하지 않은 동선이다. 하노버 전前역에서 기차가 더 못 간다고 할 때부터 사단은 이미 나있었다. 중앙역으로 들어가는 기차가 올 스톱이었던 것이다. 전 역에서 한꺼번에 쏟아져 나온 사람들이 줄지어 중앙역 쪽으로 묵묵히 걸어가는 모습은 언젠가 본 홀로코스트 영화 속 장면을 연상시켰다.

별꼴을 다 본다. G7에 드는 나라에 와서 기차 때문에 겪어

보지 못한 고생체험에 당첨됐나보다 생각하며 도착한 반 호프는 대혼란에 빠져있었다. 중앙역은 어느 도시나 거의 중앙에 있다. 고색창연한 로마네스크나 고딕 건물 벽에 큰 시계와 반 호프라는 간판이 얼마나 근사하고 멋져 보였나. 그런데 그 역 안에 들어오자 모든 전광판이 깜박거리거나 깜깜이다.

왜 이런 일이 일어났는지, 언제 정상화 되는지, 불편을 끼쳐서 미안하다든지 말을 해야 할 것 아닌가. 플랫 홈도 많고 역이 넓어 찾아다니기도 어려운데 이쪽에서 물으면 저쪽으로 가라하고 저쪽으로 가면 또 저쪽에 가서 물어보라 한다. 직원들도 우왕좌왕할 뿐 제대로 설명해주지 못한다. 그런데도 사람들은 별로 동요하는 기색이 없다. 설마 이런 일이 자주 일어난다는 건 아니겠지.

영남이 동행하지 않았으면 우리는 국제미아가 되었을지도 모른다. 며칠 전 가든파티할 때 부침개 부치며 친해진 싹싹한 후배다. 근사한 일로 친해져야하는데 저나 나나 일복 많은 사람, 덕분에 브레멘에도 같이 오게 되었다.

실은 하노버에서 첼레에 가려고 했었다. 언제 올지 모를 브레멘 행을 기다리느니 홈에 들어와 있는 기차에 탔던 것이다. 이 근방을 소상하게 꿰고 있는 영남이 제안하고 여행책자에도 소개된 도시로 지도를 보니 브레멘보다 훨씬 가까웠다. 꿩 대신 닭이지만 혼란 속에서 탈출하게 된 걸 다행으로 생각하며 느긋하게 출발을 기다리고 있을 때 건너편 홈에 브레멘 행 기차가 들어온 걸 발견하고 부리나케 바꿔 탔던 것이다.

버스나 기차가 몇 시간씩 연착한다는 후진국 얘기는 들었어도 전산 오류인지 전력 문제인지로 난리가 났는데 대처하는 방법은 후진국이나 다름 없다고 삐죽거리며 두어 시간의 우여곡절을 거쳐 드디어 유서 깊은 중세 도시에 입성한 것이다.

1200년 역사를 가진 브레멘은 한자동맹의 일원으로 북해와 발트해를 통한 해상무역으로 일찍이 번성한 도시다. 시청사와 성 페트리 돔을 비롯한 고풍스러운 건축물들이 광장을 에워싸고 있다.

우리는 시청사 옆에 있는 브레멘 음악대 동상 앞에서 당나귀의 발목을 잡고 브레멘에 온 증명사진을 찍었다. 당나귀는 서양에서 부副를 상징하는 동물로 입과 다리를 양손으로 잡고 소원을 빌면 이루어진다는 속설이 있어 그 부분만 칠이 벗겨져 반들반들하다.

마르크트 광장에는 악기를 연주하는 사람, 노천카페에 앉아 낭만을 즐기는 사람, 롤란드 상 앞에도 관광객들이 많다. 위도가 높아서인지 폭염에 시달렸던 지난 며칠을 잊고 모처럼 좋은 날씨 속에 뵈트허 거리를 따라가며 동화의 나라라는 수식이 과장되지 않음을 새삼 느낀다.

중세 수공예품 장인들이 살았던 동네답게 슈노르 지역 건물들은 모두 수공예품 같이 개성 넘치고, 앙증맞고, 멋있다. 이제껏 본 도시가 나름의 색채와 특징을 지녔지만 또 호들갑스러워지는 것은 어쩔 수 없다. 색이 다른 벽돌이 무늬를 만들며, 음각과 양각으로 입체감 있고 아름다운 건물로 완성한 것이다.

초콜릿 가게 쇼 윈도우를 들여다보면 라인 강 언덕에서 사공을 유혹했다는 싸이렌 처럼 각양각색의 예술품 같은 초콜릿의 유혹에 끌려들어가지 않을 수 없다. 어렸을 때 별사탕에서 느꼈던 환상으로, 동심으로 빠져드는 것이다. 나는 아직 꿈을 꾸고 있나보다. 브레멘 음악대의 수탉이여! 어서 나의 잠을 깨우라.

코펜부류게의 밤이 깊어가고 - 2015년 7월 9일

우리 삶이 태어날 때부터 보이지 않는 손이 지정해놓은 길을 따라 걸어가는 게 아닐까. 만나고 헤어지는 게 인연이고 운명 같다는 말이다.

'함께(투게더)'라는 이름으로 도원의 결의를 맺었던 귀순, 안춘자와 팀멘도르프 숙소에서 이틀간 함께 지냈다. '이제 돌아와 거울 앞에 선 누이'의 모습으로 사십 몇 년 만에 셋이 한 자리에 모인 것으로도 이번 여행의 의미가 크다. 현대의학이 할 수 있는 치료를 끝냈다지만 안에게 마음이 쓰인다. 신이 우리에게 다시 만날 날을 지정해놓으셨기를 간절히 바란다. 함께 하는 것이 얼마나 지난한 일인가는 각자의 삶이 보여주고 있다.

순복 신이 짜놓은 여행 마지막 날 일정은 교외의 근사한 레스토랑에서 아침식사를 하는 것으로 시작한다. 롤프의 배려라니 끝까지 감동을 주는 롤 서방!

창밖으로 이슬이 걷히지 않은 들꽃이 아침햇살에 반짝인다. 새소리를 들으며 여유롭게 조찬을 즐겼다. 맛있는 빵이 너무 많아 뭘 먹을지 고민. 과일 앞에서 고민. 육류 앞에서 고민…… 왕들도 아마 이렇게 거한 아침 식사는 못했을 거다.

하노버 왕가의 여름별궁이었던 마리엔 성으로 간다. 가다가 길을 잘못 들어 지나가는 자동차를 붙잡고 묻자 이 친절한 사람이 내려서 몇 걸음 옮겨가며 손으로 짚어 갈 방향을 가르쳐준다. 우리가 만난 독일 사람들은 친절하다. 동문들 남편들이 하나같이 그런 분들이다. 일할 때도 외국 근로자를 차별하지 않았다고 독일 다녀온 친구들이 이구동성 그렇게 말한다.

숲 속에 있는 마리엔 성은 퓌센에 있는 백조의 성을 연상시킨다. 좋아 보이면 따라하고 싶은 건 그때나 지금이나, 필부나 왕이나 비슷한 모양이다. 왕가에서 쓰던 가구와 무기가 전시되어있고, 결혼식이 열리기도 하는 곳으로 백마 탄 왕자가 나올 것 같은 고풍스런 분위기다. 이런 성들이 가는 곳마다 있으니 동화의 나라라고 하는가보다.

마리엔 성을 보고나와 풍차박물관이 있는 기폰으로 간다. 넓은 부지에 외양은 비슷해보여도 나라마다 용도에 따라 형태가 다른 풍차가 호숫가 언덕 위에 늘어서있다. 보기보다 풍차 안으로 들어가면 규모가 큰 것에 놀라게 된다.

우리나라 물레방앗간도 있다. 동계올림픽을 알리기 위해 평창에서 공수해온 것으로 소박한 규모지만 교민들과 강원도의 노력으로 세운 것이라 한다. 잘 관리해야 하는데 나무로 되어 쉽지 않은 것 같다.

오는 길에 마트에서 생활용품과 치즈코너를 둘러보았다. 맛있는 치즈일수록 지방함량이 많아 갈등이 생긴다. 건강을 우선하면 맛이, 맛을 우선하면 지방이 반 이상이다. 느끼하다하면서도 맛 들였는지 곰팡이 냄새가 나는 고르곤 졸라까지 한 보따리나 샀다. 여기서는 김치, 된장국이 먹고 싶고, 집에 가면 브뢰첸과 치즈는 그리울 것 같다. 빵은 내일 공항에 가면서 사기로 했다.

갈 때는 짐이 줄어들겠지 했는데 받은 선물, 식구들 줄 선물, 마트에서 구입한 것까지 짐이 많다. 순복도 잼을 두병이나 준다. 앉아서 쉴 시간도 없다면서 정원에 지천인 요하니스배리로 일 년 먹을 잼을 만드는 시기가 하필 더울 때다.

아침에 준 감동이 다가 아니었다는 듯 롤프가 브라트브루스트로 디너파티를 열어준다. 소시지 구워 접시에 담아주랴, 술 권하랴 숙달된 조교처럼 능숙하시다. 순복은 당연한 듯 우리와 나란히 앉아 남편 서빙을 받는다. 이런 세상도 있다.

오던 날부터 마지막 날까지 롤 서방에게 정말 미안한 게 있다. 이건 내 노력으로 할 수 없는 일이기는 하다. 롤프가 가진 취미 중 하나가 자기는 별로 안마시면서 남에게 술을 권하는 거다.

오늘도 정겨운 힘겨루기가 벌어진다. 나는 병아리처럼 마시고 롤프는 내가 마시는 만큼 얼른 얼른 첨잔 한다. 힘껏 마실 각오를 했던 바이다. 못 먹어도 Go! 못 마셔도 Go! 천창으로 달빛이 쏟아져 내리는 코펜브류게의 마지막 밤이 깊어간다.

집으로 - 2015년 7월 10일

숙제하듯 세 사람이 감사 편지를 쓴다. 신세 많이 졌다고, 한국에 오면 몇 배로 갚겠다고, 꿈같은 추억을 안고 행복한 마음으로 돌아간다는 마음을 담은 서신을 동문회에 전해달라고 했다. 순복, 호순 부부에게도 편지를 썼다. 우리 생애

이렇게 멋진 시간이 예비 되어있었다니 감사할 따름이다.

우리가 떠나면 태극기도 내려지고, 순복과 롤프는 일상으로 돌아갈 것이다. 나날이 자라는 저 채소는 누가 다 먹지? 감자 캘 때 됐는데 얼마나 달렸을까. 사과, 배 씨알도 올 때보다 많이 굵어있다. 뒤돌아보지 말자고 다짐하건만 한동안 마음이 이곳으로 달려올 것 같다. 또 오라고, 꼭 다시 오라고 한다. 다시 올 것을 기약하며 코펜부류게의 정다운 가족과 고택을 떠나온다.

여행이 즐거운 건 돌아갈 집이 있기 때문이라 한다.

뭐 그리 장한 일하고 온다고 공항에 남편이 마중 나와 있다. 이렇게 오래 떨어져 있어본 적이 없는데 잘 먹고 잘살아온 듯 신수가 좋아보여서 마음이 놓인다. 한때 적국이었던 나라에 보내놓고 해방

감에 만세 부르며 지냈을지도 모르는데 괜히 내가 미안해하고 있는지도 모른다.

가끔 생각해볼 때가 있다. 그때 뿌리치고 친구들과 독일에 갔더라면 내 인생은 어떻게 달라졌을까. 이 남자와 나는 어떻게 되었을까. 인생에 가정이란 없다. 우리에게 예정된 운명이었을 것이므로 우리 길을 걸어왔을 것이다.

영감! 갑시다. 집으로.

나는 누구인가

나는 1949년 8월 2일 강원도 명주군(현 강릉시)옥계면 천남리 60번지에서 부 남상규, 모 고광현의 칠남매(2남 5녀) 중 넷째로 태어났다. 6·25전쟁을 포대기 속에서 겪은 전전 세대다.

보릿고개가 있던 시절이었으나 성실한 부모님과 문전옥답이 있어 배곯지 않고 자랐다. 다만 어른들이 늘 바빠서 동생을 돌보거나 소를 치러 다니는 등 할 일이 많았다.

일에 마주치면 판단하는 직관은 그때 길러진 듯하다. 집을 보다가 소나기가 쏟아지면 장독을 먼저 덮을지, 빨래를 걷을지, 널어놓은 곡식을 걷을지를 스스로 결정해 처리해야 했다.

오빠가 서울에서 대학을 다닐 때는 전錢의 전쟁을 겪었다. 부모님은 농토와 소를 팔기도 했지만 담배 재배와 잠농, 삼포를 하고, 생산한 농산물에 부가가치를 높여 파는 일은 무엇이든 했다. 그 때 열한 살이던 여동생 별명이 콩나물할머니였다. 기특하다고 사람들이 동생이 팔려는 콩나물을 잘 사주었다.

심부름이나 소 먹이러갈 때 늘 책을 들고 다니던 나를 부모님은 대견해하셨다. 농촌에서 자식 공부시키는 게 얼마나 힘든지 알기에 학교를 졸업한 후 수입의 대부분을 부모님께 보내드렸다.

서울에서 직장생활을 하다가 24세에 결혼하여 진주에서 6년 간 시부모님과 함께 살았다. 맏며느리의 과중한 책임에 매어 일찍 결혼한 걸 후회하면서도 가풍을 익히며 살림을 배웠다. 남편 직장 따라 멀리 분가해 살 때도 '내가 너를 안 봐도 안다'하시며 늘 믿고 지지해주셨다.

일곱 살 터울 남매를 낳아 딸은 학사, 아들은 석사과정을 이수했다. 자식들은 제 알아서 살아가면 되니 남편과 노년을 잘살아가는 게 남은 과제다.

유독 시력이 나쁜 내게 언니는 눈을 혹사시켜 그렇다며 그만 좀 읽으라고 핀잔을 준다. 음악도 많이 듣고 문학기행, 역사탐방, 여행, 등산, 글쓰기, 서예, 피아노, 테니스, 요가…… 방황도 하고 명상도 했다.

요즈음은 뜨개질 모임에 나가고, 화실에서 기초 드로잉을 배운다. 글로벌 시대, 스마트한 세상이다. 영어방송을 꾸준히 듣다보니 조금씩 귀도 열린다.

나는 어제보다 오늘의 내가 조금 더 나은 사람이 되기를 기대하며 매순간 노력을 게을리 하지 않을 것이다. 나는 나의 주인이다.

연대표

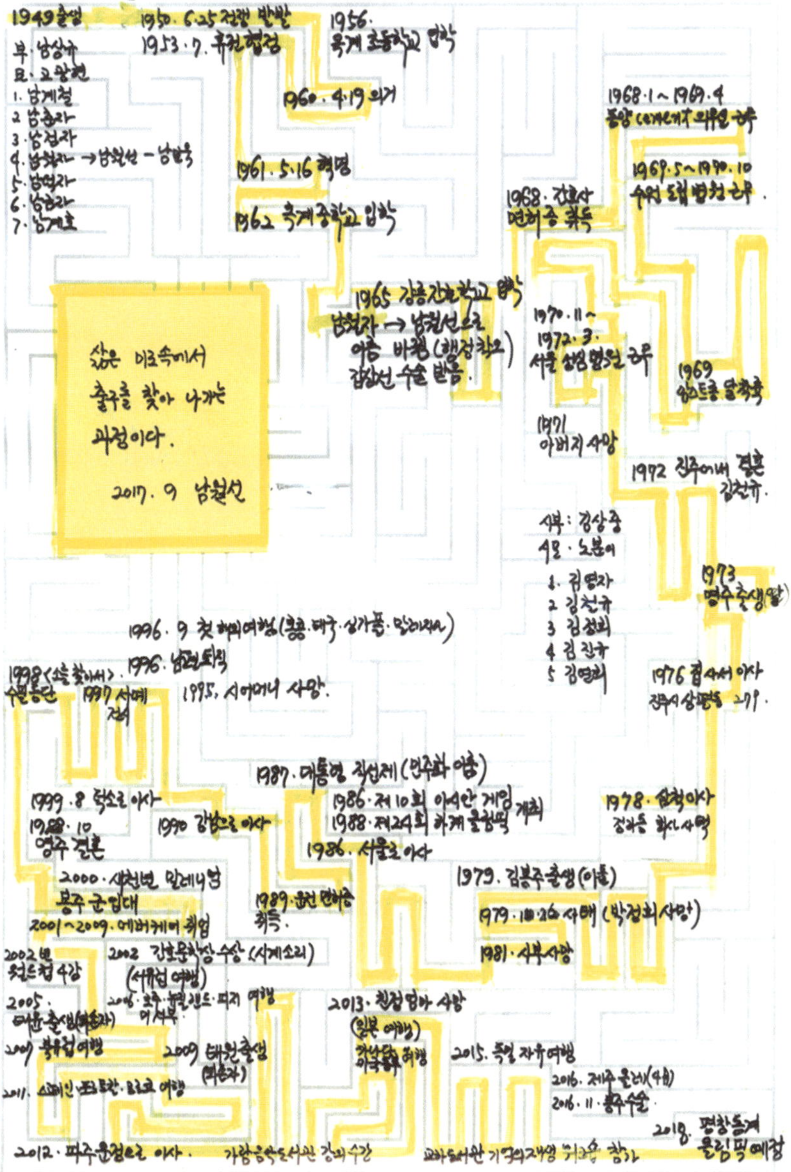

1949 출생
1950. 6.25 전쟁 발발
1953. 7. 휴전협정
1956. 옥계 초등학교 입학
부. 남상규
모. 고광현
1. 남계철
2 남춘자
3. 남점자
5. 남영자
6. 남순자
7. 남계호
1960. 4.19 의거
1961. 5.16 혁명
1962 옥계중학교 입학
1965 강릉간호학교 입학
1968. 간호사 면허증 취득
1968.1 ~ 1969.4
1969.5 ~ 1970.10
1970.11 ~
1972. 3.
1969
1971
아버지 사망
1972 진주에서 결혼
김천규.
시부 : 김상중
1. 김영자
2 김천규
3 김정희
4 김진규
5 김영희
1973
명수 출생(딸)
1976 집 사서 이사
1978. 삼척이사
1979. 김봉주 출생(아들)
1979. 10. 26 사태 (박정희 사망)
1981. 시부 사망
삶은 미로속에서
출구를 찾아 나가는
과정이다.
2017. 9 남철선
1996. 9 첫 해외여행(홍콩. 태국. 싱가폴. 말레이시아)
1995. 시어머니 사망.
1987. 대통령 직선제 (민주화 이룸)
1986. 제 10회 아시안 게임
1988. 제24회 하계 올림픽
개최
1986. 서울로 이사
1990 강남으로 이사
1999. 8 덕소로 이사
영주 결혼
2000. 새천년 밀레니엄
봉주 군입대
2001 ~ 2009. 에버케어 취업
2002 간호문학상 수상 (시계소리)
(서유럽 여행)
2005.
2007 북유럽여행
2009
2013. 친정엄마 사망
(일본 여행)
2015. 독일 자유여행
2016. 11. 봉주 수술.
2018. 평창동계
올림픽 예정
2012. 파주운정으로 이사.
가람음악도서관 강의 수강

삶에 물들이다

인 쇄 2018년 9월 15일
발 행 2018년 9월 30일

저 자 남민욱
발행인 孫光春
발행처 圖書出版 修 書 院
서울특별시 성북구 삼선교로 2길 7-3
(1층, 삼선동1가 15-2)
TEL.765-0924~5, FAX.765-0927
E-mail suseowon@hanmail.net
등 록 1971.12.9. No.2-282
ISBN 978-89-6798-051-1

〈정가 18,000원〉